I0074455

COMMENTAIRE DE LA NOUVEL

SUR

L'ENREGISTREMENT

ET

LE TIMBRE

PAR

EMILE AUBERTIN, AVOCAT

« Vous avez dans ce moment à réveiller
« cette espèce de patriotisme qui consiste à
« se regarder comme déshonoré, si on refuse
« au Trésor les droits qui lui appartiennent
« et dont il a besoin pour la libération du
« territoire. »
(M. Victor Lefranc, ministre de l'agriculture et du commerce. — *Séance du 22 août
1871.*)

Prix 2 francs

PARIS

CHEZ DELAMOTTE, ÉDITEUR. CHEF D'ADMINISTRATION.
2, Rue Christine 9,

COMMENTAIRE DE LA NOUVELLE LOI

SUR

L'ENREGISTREMENT

1973

ET LE TIMBRE

28524

Paris. — Typ. A. POUGIN, quai Voltaire, 13.

COMMENTAIRE DE LA NOUVELLE LOI

SUR

L'ENREGISTREMENT

ET

LE TIMBRE

PAR

EMILE AUBERTIN, AVOCAT

« Vous avez dansce moment à réveiller
« cette espèce de patriotisme qui consiste à
« se regarder comme déshonoré, si on refuse
« au Trésor les droits qui lui appartiennent
« et dont il a besoin pour la libération du
« territoire. »
(M. Victor Lefranc, ministre de l'agriculture et du commerce. — *Séance du 22 août*
1871.)

PARIS

CHEZ DELAMOTTE, ÉDITEUR, CHEF D'ADMINISTRATION,
9, Rue Christine 9,

1871

A L'ALSACE

ET

A LA LORRAINE!!!

En dédiant notre Commentaire à l'Alsace et à la Lorraine, nous n'avons pas voulu seulement témoigner de notre attachement inaltérable à ces chères provinces, momentanément séparées de notre pauvre France ; nous avons voulu surtout rappeler à tous le souvenir impérissable de ces frères désolés qui tournent vers nous leurs regards suppliants et qui nous attendent !... Nous avons voulu encore confondre dans ce même souvenir, si profondément douloureux, nos malheureux frères des départements occupés, qui, eux aussi, nous appellent à leur aide et nous conjurent de hâter leur délivrance !...

L'heure des sacrifices a sonné ! ! !

Pour que la grande et imposante manifestation de l'Emprunt national soit efficace, pour que l'Emprunt national soit réellement l'emprunt libérateur, il faut que chacun se soumette volontiers aux lois d'impôt dont l'enregistrement et le timbre forment la première partie, à ces lois qui n'ont pu être édictées sans un grand courage, sans un patriotisme sincère...

Tenons-nous donc à la hauteur du Législateur ; ne récriminons point ; n'oublions jamais le double but que nous devons nécessairement atteindre ; ayons toujours présentes à la pensée les souffrances incommensurables auxquelles il convient de mettre un terme le plus tôt possible,... et nous nous estimerons heureux de pouvoir coopérer au grand œuvre de réparation qui doit relever et sauver la patrie !!!

Ce 25 août 1871.

EM. A.

COMMENTAIRE DE LA NOUVELLE LOI

SUR

L'ENREGISTREMENT

ET

LE TIMBRE

(Délibérée les 11, 16, 17, 22, 23. — Promulguée le 25 août 1871.)

La loi nouvelle sur l'enregistrement et le timbre n'est pas, à vrai dire, une loi de tarif, comme le plus grand nombre de celles qui l'ont précédée en remontant jusqu'à la loi organique et fondamentale du 22 frimaire an VII ; c'est une loi de réformes destinée surtout à assurer la perception des droits d'une manière plus égale, plus exacte, et, par suite, plus équitable qu'auparavant. — « L'impôt sur l'enregistre- « ment, porte l'exposé des motifs (1), a subi depuis « son origine des augmentations de taxes successives

(1) Projet présenté par M. Thiers, Président du conseil des Ministres, chef du pouvoir exécutif de la République française, et par M. Pouyer-Quertier, Ministre des finances.

1

« qui ne permettent plus d'augmentations nouvelles,
« sauf la charge accidentelle d'un double décime de
« guerre sur la totalité de ses·produits. Mais des lacu-
« nes dans les lois, des vices de rédaction, des inter-
« prétations excessives de la jurisprudence ont nui au
« rendement de certaines taxes et donné lieu à des
« fraudes qu'il importe de réprimer. Tel est l'objet
« des mesures proposées. Ces mesures, malgré leur
« caractère de rigueur apparente, ne tendent néan-
« moins qu'à ramener la sincérité dans les contrats et
« à forcer les contribuables à respecter le principe de
« l'égalité de l'impôt en les obligeant à payer intégra-
« lement leur part contributive dans une dette com-
« mune. »

Ainsi, il s'agit de dispositions législatives véritablement importantes et dont l'application donnerait lieu
aux plus grandes difficultés si l'on ne cherchait pas,
dès le début, à se bien pénétrer de leur esprit et à
préciser, autant que possible, leur portée et leur étendue. Le ·travail que nous avons entrepris n'a d'autre
but que celui d'indiquer la marche à suivre au lende-
main de la promulgation de la loi et de faire connaî-
·tre aux contribuables leurs nouvelles obligations vis-à-
vis du Trésor public. « Le premier commentaire
« d'une loi, a dit un magistrat, auteur très-distin-
« gué (1), c'est l'analyse fidèle des éléments qui l'ont
« préparée. » Nous essayerons de démontrer la justesse
de cette ·proposition et nous parviendrons peut-être
ainsi à atténuer un peu les effets d'une innovation
qui, en définitive, repose sur des notions de justice
incontestable mais trop longtemps méconnues :

(1) M. A. Daviel, procureur-général à la cour de Rouen.
Voir, à la suite du Traité de législation et de la pratique des
cours d'eau, le Commentaire de la loi sur les irrigations.

La loi du 23 août 1871 a pour objet :

I. D'augmenter les produits par la perception temporaire de deux décimes (Articles 1 et 2);

II. De combler certaines lacunes de la loi fiscale en ce qui concerne les valeurs mobilières étrangères, les actes d'ouverture de crédit et les contrats d'assurances (articles 3 à 10).

III D'assurer la perception des droits exigibles sur les baux à ferme ou à loyer (article 11);

IV. D'empêcher et de réprimer les dissimulations dans les transmissions de biens (articles 12 et 13);

V. D'obtenir une exécution plus facile et plus complète de la législation de l'enregistrement (articles 14 à 17);

VI. De créer de nouveaux droits sous forme de timbre (articles 18 à 24).

Nous suivrons cette division toute naturelle et nous obtiendrons par là plus de clarté dans le développement des théories abstraites que soulèvera forcément l'étude de la législation spéciale dont nous allons nous occuper.

PREMIÈRE PARTIE

DÉCIMES.

Article 1er. — Les dispositions de l'article 14 de la loi du 2 juillet 1862, relatives à la perception d'un second décime sur les droits et produits dont le recouvrement est confié à l'administration de l'enregistrement, sont remises en vigueur.

Art. 2. — Il est ajouté deux décimes au principal des droits de timbre de toute nature.

Ne sont pas soumis à ces deux décimes :

1° Les effets de commerce spécifiés en l'article 1er de la loi du 5 juin 1850, dont le tarif, fixé par ledit article et l'artice 2 de la même loi, est porté au double, ainsi que les effets tirés de l'étranger sur l'étranger, négociés, endossés, acceptés ou acquittés en France, qui sont soumis aux mêmes droits;

2° Les récépissés de chemins de fer, les quittances de produits et revenus délivrées par les comptables de deniers publics, conformément à l'article 4 de la loi du 8 juillet 1865, les reconnaissances de valeurs cotées, ainsi que les quittances des sommes envoyées par la poste, lesquelles seront à l'avenir assujetties à un droit de timbre de vingt-cinq centimes;

3° Les permis de chasse dont le droit, perçu au profit du Trésor, est élevé de quinze francs à trente francs.

§ Ier. — ENREGISTREMENT.

La taxe du décime en matière d'enregistrement est fort ancienne; elle est contemporaine de l'impôt lui-même, tel qu'il a été réorganisé par la République française; elle a été créée par l'article 1er de la loi du 6 prairial an VII, et elle s'appelait alors *subvention extraordinaire de guerre.*

La taxe du second décime (vulgairement appelé double décime), a été édictée, pour la première fois, pendant la guerre de Crimée, aux termes de l'article 5 de la loi du 14 juillet 1855. — Supprimée par la loi du 23 juin 1857 (art. 13), elle a été rétablie par la loi du 2 juillet 1862 (art. 14, auquel notre article 1er se réfère). — Elle a été ensuite remplacée par le demi-décime (loi du 8 juin 1864, art. 13), et supprimée de nouveau pour certains droits seulement (loi du 25 juin 1866, art. 3). — Enfin, elle reparaît aujourd'hui dans toute son intégrité et, pour ainsi dire, sans la moindre exception.(1). — « En présence des charges « qui pèsent sur le Trésor public, l'établissement de « deux décimes sur le produit du timbre et d'un se- « cond décime sur les produits de l'enregistrement « constituerait une ressource importante, d'un rende- « ment certain, et qui, s'incorporant aux impôts an- « ciens, échapperait aux inconvénients qui accompa- « gnent toujours les impôts nouveaux. Cette taxe « atteindrait tous les droits et produits. Elle n'entraîne « aucune augmentation des frais de perception; son « rendement intégral profite au Trésor, *car il est* « *exempt de prélévement au profit des agents de l'État.* « Ajoutons que la taxe des décimes ne constitue qu'une « *charge temporaire* dont le poids peut être atténué à « mesure que l'état des finances s'améliore (2). »

Déjà en 1862, on disait : « La taxe du second dé- « cime sur l'enregistrement est d'un produit connu et « certain; son rendement intégral profite au Trésor « *sans aucune déduction de remises accordées aux agents* « *du fisc;* elle se répartit proportionnellement sur « tous les droits d'enregistrement, de timbre (3) et « d'hypothèque; en s'incorporant aux impôts anciens, « elle échappe, comme on l'a dit, aux inconvénients « qui accompagnent toujours l'établissement de taxes

(1) Voir les articles 6 et 12 *infrà.*
(2) Exposé des motifs, § 1er.
(3) C'est là une grave erreur; le décime sur le timbre a été supprimé par l'article 67 de la loi du 28 avril 1816.

« nouvelles, et sa nature semble se prêter particuliè-
« rement au *rôle temporaire* qu'elle est destinée à rem-
« plir (1). »

On le voit, le législateur de 1871 s'est inspiré
des motifs du législateur de 1862, comme celui-ci s'é-
tait inspiré des motifs du législateur de 1855 (2).
Disons-le franchement, ces motifs ne sont rien moins
que concluants ; nous nous attendions à mieux, et
nous espérions qu'on sortirait enfin de l'antique or-
nière. Eh quoi ! on nous répète sans cesse que la taxe
des décimes n'est que *temporaire* et que c'est là son
premier mérite.... Est-ce que la subvention extraordinaire de guerre, établie par la loi de prairial an VII,
à la seule fin de *constituer une ressource provisoire*, n'a
pas été maintenue par toutes les lois de finances qui
se sont succédé depuis plus de soixante-dix ans ? Est-ce
que le second décime, établi par la loi de juillet 1855,
à la seule fin, lui aussi, de *constituer une ressource provisoire* pendant la guerre de Crimée, n'a pas été maintenu sur les contributions indirectes par toutes les lois
de finances qui se sont succédé depuis seize ans ?
Voudrait-on tirer un argument des modifications apportées à la perception de ce second décime sur les
droits d'enregistrement durant le même laps de temps,
modifications déraisonnables et irréfléchies, modifications dont l'unique effet a été de susciter des procès
irritants et de compliquer inutilement le travail, déjà
si pénible, des préposés de l'administration ?... Et,
d'ailleurs, est-il donc plus difficile de diminuer un
tarif *en principal* que d'enlever la taxe additionnelle

(1) Rapport de M. Segris. — Dalloz, 1862, quatrième partie,
page 66, note.

(2) Rapport de M. Vuitry. — Dalloz, 1855, *idem.*

des décimes (1)?... Aujourd'hui, tout le monde comprend qu'il faut absolument augmenter l'impôt de l'enregistrement, comme tant d'autres ; on se soumettra, on payera l'augmentation, et, quand viendra l'heure de la diminution (puisse-t-elle ne pas tarder trop longtemps !), la suppression ou l'atténuation des décimes passera inaperçue et ne produira certes pas sur les contribuables l'heureuse impression de l'abaissement du tarif lui-même, bien que l'effet matériel soit identique (2). — Répétons-le, ces vieilleries de comptabilité devraient disparaître ; ces complications sournoises de *droits principaux, décime, double décime, demi-décime...* ont fait leur temps ; revenons enfin aux règles simples et nettes, et sacrifions, une fois pour toutes, ces calculs ingénieux qui surexcitent les redevables par la seule raison qu'ils ne peuvent jamais se rendre exactement compte de ce qui leur est réclamé ou de ce qu'ils doivent : personne n'y perdra, bien au contraire.

Mais la taxe des décimes, s'empresse-t-on d'ajouter, a un second mérite, celui d'*entrer tout entière dans les caisses du Trésor.* Oui, en effet, depuis plus de soixante-dix ans cette sorte d'injustice est écrite dans nos lois de finances, et ici encore notre espoir a été déçu, car nous aimions à supposer qu'on ferait cette toute petite réflexion : les receveurs de l'enregistrement sont-

(1) Prenons un exemple : Le droit de vente était de 6 francs 5 centimes par 100 ; l'État se trouve forcé de le porter à 6 fr. 60, 6 fr. 80, 7 francs ; éprouvera-t-il plus d'embarras, plus tard, à réduire ces chiffres à 6 francs ou à 5 francs, qu'à supprimer un ou deux décimes ou à les remplacer par un demi-décime ?

(2) On a pu s'en convaincre lors des changements effectués de 1855 à 1866.

ils responsables du montant des décimes? les receveurs de l'enregistrement sont-ils responsables surtout
des *erreurs* qu'il leur est si facile de commettre en per-
cevant ces décimes si souvent remaniés depuis 1855?
— Ils le sont évidemment. — Eh bien alors! pourquoi
donc leur refuser la faible remise qui leur revient si
légitimement comme compensation des pertes inévi-
tables auxquelles ils sont journellement exposés?...
Nous disons la *faible remise*, car avec le tarif décrois-
sant qui a toujours été en vigueur, le Trésor n'aurait
eu à supporter qu'un très-léger sacrifice en autorisant
ce prélèvement, qui serait plutôt un dédommagement
qu'une rémunération (1). — La loi en a décidé autrement, elle a préféré adopter les anciens errements,
nous le regrettons vivement; ce n'est point, on en
conviendra, ce n'est point en faisant une économie si
peu appréciable qu'on aurait dû consacrer encore une
mesure qui a toujours été injustifiable.

En résumé, la taxe des deux décimes ajoutée aux
produits d'enregistrement n'est nullement exorbitante,
puisque le plus grand nombre de ces produits étaient
frappés d'un décime et demi. Mais nous aurions préféré une augmentation de tarif plus compréhensible;
il n'était pas besoin de chercher longtemps pour découvrir un certain nombre de droits restés station-
naires depuis plus de cinquante ans et susceptibles
d'élévation; et, sans trop d'efforts, on aurait pu obtenir, d'une façon plus simple et plus pratique, le résultat que l'on désirait. — En attendant cette réforme,
les droits et produits dont le recouvrement est confié

(1) Nous aurions désiré pouvoir fixer approximativement le
chiffre de ce prélèvement; néanmoins, nous sommes persuadé
qu'il ne dépasserait pas, en moyenne, 150 francs pour chaque
comptable.

à l'administration de l'enregistrement, sont actuellement assujettis à la perception de *deux décimes* : droits
d'enregistrement proprement dits, droits de greffe,
droits d'hypothèque, amendes de toutes sortes.... rien
n'échappe à cette taxe additionnelle (1). — Il va sans
dire que les actes antérieurs à la promulgation de la
nouvelle loi (comme aussi les mutations et produits
quelconques) restent placés sous la législation existant *à leur date*; il ne saurait y avoir d'exception que
pour ceux dont la formalité n'est pas obligatoire dans
un délai déterminé, et qui seront forcément soumis à
la loi en vigueur au moment de leur présentation à
l'enregistrement (2).

§ II. — TIMBRE.

Les droits de timbre avaient été soumis à la taxe du
décime par l'article 1er de la loi du 6 prairial an VII,
déjà citée. Cette taxe ne fut maintenue que pendant
dix-sept ans, et la loi du 22 avril 1816 (art. 62 à 67) la
remplaça par une augmentation des deux cinquièmes
des droits. La loi du 2 juillet 1862 (art. 17) accrut
beaucoup cette augmentation, et la position désas-
treuse qui nous est faite a encore obligé le législateur
à y ajouter la taxe des deux décimes. Nous ne pou-

(2) Voir cependant les articles 6 et 12 *infrà.*
(1) En 1855 et en 1862, on faisait une distinction entre les
actes ayant une date certaine et les autres ; dès lors, s'il était
présenté à l'enregistrement un acte de vente sous seing privé,
antérieur de plus de trois mois à l'une des lois du second décime,
on disait : Cette mutation, vu sa date, est passible du double
droit; mais, comme cette date n'est pas certaine, le double
décime est exigible. Le même acte avait donc à la fois une
date certaine et une date *non certaine*. Nous pensons bien
qu'il n'en est plus ainsi.

vons que nous courber sous l'inexorable nécessité; mais nous faisons des vœux ardents pour que cette taxe disparaisse la première entre toutes et qu'elle soit véritablement *temporaire*. Si les deux décimes d'enregistrement constituent une faible aggravation des droits, il n'en est pas de même des deux décimes du timbre. Quel surcroît de charges, en effet, pour la petite propriété, quand on songe que les contrats de 100 francs, 200 francs, etc., etc., etc., soumis à l'accomplissement des formalités hypothécaires, sont assujettis au payement de ces décimes sur la minute, sur l'expédition et sur le registre du conservateur !... Aussi nous avons la conviction que si le temps n'eût point manqué à l'Assemblée nationale, ce poids écrasant aurait été réparti d'une manière plus proportionnelle, plus équitable, ce que l'on fera certainement lors du premier budget.

Quoiqu'il en soit, l'impôt du timbre se trouve momentanément divisé en deux grandes catégories : les droits assujettis aux deux décimes et les droits purs et simples.

Dans la première catégorie figurent :

1º Les papiers timbrés appelés de *dimension* (1);

2º Les affiches ordinaires et les affiches peintes;

3º Les polices d'assurances sans aucune exception ;

4º Les actions et obligations quelles qu'elles soient, ainsi que les titres de rentes des gouvernements étrangers;

5º Les bordereaux des agents de change et courtiers;

---

(1) Ces papiers coûtent, par conséquent, 60 centimes, 1 fr. 20, 1 fr. 80, 2 fr. 40 et 3 fr. 60, au lieu de 50 centimes, 1 franc, 1 fr. 50, 2 francs et 3 francs.

6° Les passeports à l'intérieur et à l'étranger (2).

Dans la seconde catégorie figurent :

1° Les effets de commerce spécifiés en l'article 1er de la loi du 5 juin 1850;

2° Les récépissés de chemins de fer;

3° Les quittances des produits et revenus délivrées par les comptables de deniers publics, de même que les reconnaissances de valeurs cotées ou les quittances de sommes envoyées par la poste;

4° Les permis de chasse.

Il convient d'examiner en détail ces exceptions apparentes au principe général de la taxe additionnelle des deux décimes.

A. *Effets de commerce.* — Pour les effets de commerce spécifiés en l'article 1er de la loi du 5 juin 1850, l'impôt est doublé. Cet accroissement de charges a été expliqué en ces termes par M. le Ministre des Finances :

« Ce n'est pas sans s'être livré à un profond examen

---

(1) Nous aurions cru que les passeports seraient restés tarifés à 2 francs et 10 francs. D'une part, en effet, le projet de loi les avait distingués des autres papiers timbrés, et notre article 2 ne les mentionne plus; d'autre part, les prix de 2 francs et 10 francs, fixés par le décret du 11 juillet 1810, comprennent non-seulement les droits de *timbre*, mais encore les frais de papier et les frais d'expédition (circulaire du 13 novembre 1811) que l'on ne pouvait frapper d'une augmentation, sans l'indiquer positivement; enfin ces prix (et non ces droits) avaient été maintenus par les lois de 1816 et 1862, qui ont doublé l'impôt du timbre de dimension. — Nous pensons donc qu'en assujettissant les passeports aux deux décimes, on a fait une application exagérée de ces termes de la loi : « Droits de timbre de toute nature », car, encore une fois, les prix de 2 francs et 10 francs ne sont pas des droits de timbre proprement dits.

« que le Gouvernement a accepté la proposition de la
« Commission de doubler le droit sur les effets de
« commerce (1). Le Gouvernement sentait combien
« cette charge, qui vient s'ajouter aux transactions
« commerciales de chaque jour, va peser spécialement
« sur le petit commerce. Mais en présence des besoins
« du Trésor, en présence des obligations qui nous sont
« imposées, et de la nécessité de trouver les ressources
« indispensables pour y faire face, le Gouvernement
« a consenti à cet impôt, avec l'espoir de le supprimer
« un des premiers, lorsque les circonstances le permet-
« tront. — Oui, je le reconnais, cet impôt du timbre
« doublé frappera surtout les petites transactions. C'est
« une nécessité de l'époque que la multiplicité des
« transactions soit frappée, parce que, je le répète,
« il est indispensable de fournir des ressources au
« Trésor. » (2)

Les effets de commerce spécifiés en l'article 1er de la
loi du 5 juin 1850 sont : les lettres de change, billets à
ordre ou au porteur, mandats, retraites et tous autres
effets négociables ou de *commerce*. Ces effets sont désormais tarifiés ainsi :

1° 100 francs et au-dessous...............	0 fr.	10 c.
2° Au-dessus de 100 fr. à 200 fr...	0	20
3° Au-dessus de 200 fr. à 300 fr...	0	30
4° Au-dessus de 300 fr. à 400 fr...	0	40
5° Au-dessus de 400 fr. à 500 fr...	0	50
6° Au-dessus de 500 fr. à 1,000 fr...	1	00
7° Au-dessus de 1,000 fr. à 2,000 fr...	2	00
8° Au-dessus de 2,000 fr. à 3,000 fr...	3	00

(1) Le projet de loi ne parlait, en effet, que du double décime, c'est-à-dire un cinquième seulement.
(2) Séance du 11 août 1871.

Et ainsi de suite, en suivant la même proportion de un franc pour mille francs et sans fraction.

De plus, aux termes de l'article 2 de la même loi du 5 juin 1850, celui qui reçoit du souscripteur un effet non timbré, conformément à l'article 1er, est tenu de le faire viser pour timbre dans les quinze jours de sa date, ou avant l'échéance si cet effet a moins de quinze jours de date, et dans tous les cas avant toute négociation. Ce visa pour timbre était soumis à un droit de quinze centimes par cent francs ou fraction de cent francs, devant s'ajouter au montant de l'effet, nonobstant toute stipulation contraire. Maintenant le droit sera de trente centimes par cent francs.

Ainsi aucun doute ne peut s'élever sur la portée de la disposition qui précède. Il est incontestable qu'elle s'applique à *tous* les effets de commerce, qu'ils soient négociables ou non négociables, d'après ce principe formellement édicté dans l'article 632 du Code de commerce : « Sont actes de commerce toutes les obli- « gations entre négociants, marchands et banquiers; » et il faut bien reconnaître que le mot *billet* dont se sert l'article 638 du même Code comprend en général tout engagement sous seing privé souscrit par un commerçant, sans distinguer s'il est transmissible ou non par voie d'endossement, de même qu'on est obligé d'admettre qu'un non-commerçant, ayant apposé sa signature sur un billet d'une nature commerciale, se trouve justiciable du tribunal de commerce et, par suite, soumis à l'impôt tel qu'il vient d'être établi.

Quant aux effets non négociables ni commerciaux, que nous appellerons *billets simples en matière civile* et qui n'ont point été compris dans la loi du 5 juin 1850, ils restent soumis aux dispositions spéciales des lois des 6 prairial an VII (article 6), 20 mai 1834 (art. 18) et 20 juillet 1837 (article 16). La pensée de la loi ressort, tout entière, du passage du discours de M. le Ministre des Finances que nous avons reproduit; il n'y est question, en effet, que de transactions commerciales, du commerce, du petit commerce, des effets de commerce, qui doivent supporter l'accroissement de charges résultant de l'impôt doublé. Les billets simples en matière civile conserveront donc leur ancienne tarification dans la proportion de cinquante centimes par mille francs; seulement ils seront assujettis aux deux décimes comme étant compris dans *les droits de timbre de toute nature* (1).

Viennent ensuite les effets tirés de l'étranger pour l'étranger, négociés, endossés, acceptés ou acquittés en France. Cette disposition est une innovation introduite dans la loi, au moment même de la discussion publique et non prévue d'abord par la Commission. Nous ne pouvons mieux faire, pour en déterminer les conséquences réelles, que de transcrire les explications données par M. le Ministre des Finances lui-même. « Maintenant, dit-il, la Commission vous propose (2) « d'atteindre les valeurs créées à l'étranger, transitant « en France et tirées sur l'étranger. La Commission « a parfaitement raison, suivant nous, de proposer cet

(1) Par conséquent, une reconnaissance de 20,000 francs devra être souscrite sur un timbre proportionnel de 10 francs et visé pour timbre pour les 2 décimes, soit 12 francs ; au contraire, un effet de commerce, négociable ou non, de la même somme devra être souscrit sur un timbre proportionnel de 20 francs.

(2) Cette proposition n'est venue qu'à la suite d'un amendement développé avec un remarquable talent par M. Alfred-André, et ayant surtout pour but d'encourager le commerce international ; seulement, l'honorable membre faisait des distinctions qui ne pouvaient être admises sans danger pour le rendement de l'impôt.

« impôt. — Il nous restera à chercher les moyens
« efficaces de le percevoir. — La traite qui passe en
« France est extrêmement difficile à saisir; car, s'il
« n'y a pas un acte qui en constate l'existence et le
« passage aux yeux du fisc ou de la justice, il est
« impossible de l'atteindre. Nous voulons bien édicter
« une disposition qui fera que, toutes les fois que ces
« valeurs viendront en France, elles courront le risque
« d'être atteintes par l'impôt; mais cependant nous ne
« pouvons nous dissimuler qu'il y a là une très-grande
« difficulté. — Nous acceptons la proposition de la
« Commission parce que nous sommes convaincus que
« dans certaines circonstances, il y aura plus d'avan-
« tages pour le commerce à avoir sécurité en appliquant
« le timbre, et qu'il courra moins de dangers. Mais
« cependant nous ne nous dissimulons pas les diffi-
« cultés d'application. — Messieurs, ce n'est pas tout :
« les maisons de commerce et les commerçants sont
« extrêmement ingénieux pour s'exempter des droits,
« et comme les droits frappent des valeurs qui circu-
« lent d'une manière si rapide et si légère qu'on peut
« à peine les toucher sans qu'elles s'envolent, il est
« extrêmement difficile de les appliquer. — Aussi,
« que s'est-il passé depuis 1830? Les maisons de Paris
« (je n'accuse personne), ont imaginé de dater de Bâle
« les valeurs que l'on tire sur Londres, et de Calsruhe,
« ou d'une ville quelconque de l'Allemagne ou de la
« Belgique, les valeurs qu'elles tirent sur l'étranger.
« On peut parfaitement créer ces valeurs à Paris, les
« faire signer à Paris par un employé qui est chargé
« de ce soin et qui est supposé habiter Bâle, Calsruhe
« ou Bruxelles, etc., etc. — Mais ces valeurs ne sup-
« portent pas le timbre; elles transitent en France et
« nont pas de timbre à payer, par suite de l'emploi de
« ce mécanisme ingénieux, qui consiste à dater ficti-

2.

« vement les effets de l'étranger, quoique, en réalité,
« ils soient créés dans Paris. Je peux bien dire que ce
« n'est pas le petit commerce qui se livre à ces sortes
« de fraudes ; il ne peut pas le faire : ce sont les grosses
« maisons de finance qui arrivent ainsi à éviter le
« timbre pour des sommes considérables. — Je ne
« veux accuser personne ; mais j'ai eu l'occasion,
« malheureusement pour mon pays, d'avoir, depuis
« quelques semaines, à endosser des valeurs considé-
« rables, colossales ; elles étaient tirées à l'étranger
« sur l'étranger, ou tirées de la France sur l'étranger,
« mais généralement ces valeurs n'avaient pas payé le
« timbre, et le Ministre des Finances, s'il n'avait pas
« eu à percevoir pour lui-même les amendes, aurait
« dû saisir entre ses mains les valeurs qui passaient
« dans ses propres mains. — Vous voyez, messieurs,
« que toutes ces questions de crédit sont extrê-
« mement délicates. — Les dispositions que la Com-
« mission propose sont bonnes ; il faut les adopter.
« Oui, il est indispensable de frapper les valeurs qui
« transitent en France toutes les fois qu'on peut les
« saisir ; il est indispensable d'armer le Gouvernement
« de manière à ce que les valeurs frauduleusement
« créées à l'étranger, passant en France pour aller à
« l'étranger, soient saisies par la loi et frappées du
« timbre. — Il est indispensable aussi de maintenir
« l'égalité entre les transactions faites à l'étranger et
« celles faites avec les ports d'importation de France ;
« pour cela, il faut maintenir l'égalité du timbre entre
« les valeurs créées à l'étranger et tirées sur la France,
« et les valeurs créées dans nos propres ports français et
« dans nos villes françaises, et tirées sur la France
« elle-même. — Nous n'avons pas d'autres observations
« à vous soumettre ; le projet de la Commission ne
« nous paraît soulever aucune espèce d'objection

« sérieuse, et nous vous en demandons l'adoption pure
« et simple, parce que nous sommes convaincus que
« là est la vérité. Vous armerez, en même temps, le
« Gouvernement de manière à arrêter certaines
« fraudes qui ont été parfaitement facilitées par la loi
« de 1850, et j'espère qu'il pourra désormais les
« atteindre par les mesures fiscales que vous allez
« mettre entre nos mains (1). »

En somme, tous les effets de commerce (négociables
ou non négociables) sont soumis aux droits propor-
tionnels de timbre d'après le tarif que nous avons indiqué; aucune distinction n'est plus possible : qu'ils
soient créés en France et payables en France, qu'ils
soient créés en France et payables à l'étranger, qu'ils
soient créés à l'étranger et payables en France,
qu'ils soient créés à l'étranger et sur l'étranger, mais
négociés, endossés, acceptés ou acquittés en France,
peu importe; ils sont tous assujettis à l'impôt. — On
ne saurait méconnaître la justice d'une pareille mesure et l'on ne saurait trop féliciter l'Assemblée d'a-
voir mis un terme aux abus criants qui se pratiquaient
sur la foi des exemptions accordées par le législateur
de 1850; exemptions qu'aucun motif sérieux ne jus-
tifiait.

B. *Récépissés des chemins de fer.* — Les récépissés des
chemins de fer ne sont autre chose que des lettres de
voiture; ils énoncent la nature, le poids et la désignation des colis, les noms et adresses des destinataires, le
prix total du transport et le délai dans lequel ce transport doit être effectué. Aux termes de l'article 10 de la
loi de finances du 13 mai 1863, le droit de timbre de
ces récépissés (que les compagnies sont tenues de déli-

Séance du 11 août 1871.

vrer aux expéditeurs, lorsque ces derniers ne leur demandent pas de lettres de voitures), a été réduit à 20 centimes; aujourd'hui il est porté à 25 centimes. Nous ne comprenons pas, au surplus, comment le Législateur a pu maintenir encore l'ancienne distinction entre le récépissé et la lettre de voiture; et nous sommes persuadé que s'il avait tarifé cette dernière à 25 centimes au lieu de 60 centimes, le Trésor y aurait gagné beaucoup par suite de la disparition complète des fraudes pratiquées par les expéditeurs, commissionnaires et voituriers, fraudes difficilement saisissables et rarement réprimées.

C. *Quittances des comptables publics.* — *Reconnaissances de valeurs cotées et quittances de sommes envoyées par la poste.* — Les quittances délivrées par les comptables des deniers publics comprennent notamment: les quittances relatives aux propriétés de l'État, des départements et des communes, aux produits forestiers, aux pensions des élèves des écoles du gouvernement, aux produits universitaires, aux droits de successions, amendes, frais de justice, etc., etc., etc., toutes les fois que les sommes payées dépassent dix francs (1); mais elles ne comprennent ni les quittances relatives au payement des contributions directes, qui sont affranchies du timbre, ni les quittances des contributions indirectes et des douanes, qui sont soumises à des droits spéciaux. — Les quittances des comptables publics ont été tarifées à 20 centimes par l'article 4 de la loi de finances du 8 juillet 1865; désormais elles subiront un droit de vingt-cinq centimes et seront obligatoires comme auparavant. — Il en est de

(1) Art. 16 de la loi du 13 brumaire an VII.

même des reconnaissances des valeurs cotées au-dessus
de dix francs, ainsi que des quittances ou mandats de
poste également au-dessus de dix francs; le droit de
20 centimes, établi par l'article 6 de la loi de finances
du 8 juillet 1864, est aussi porté à vingt-cinq centimes.

On a déjà compris que cette exception à la taxe des
deux décimes n'en est réellement pas une. Le Législateur, excellent comptable, *a forcé le centime* : au lieu
d'une augmentation de 0,04 centimes, résultant du
principe général, il en a édicté une de 0,05, et il a
bien fait. Il aurait peut-être mieux fait encore de supprimer le principe général lui-même, et sa théorie sur
les droits de timbre aurait été entièrement irréprochable, momentanément du moins.

D. *Permis de chasse.* — Le Gouvernement avait demandé la taxe additionnelle pour les permis de chasse,
comme pour tous les papiers timbrés, soit 5 francs;
l'Assemblée a été plus généreuse et elle a porté l'augmentation à 15 francs. Dès lors, le prix des permis de
chasse se trouve fixé à 40 francs, dont 30 francs pour
l'État (1) et 10 francs pour la commune dans laquelle
ils sont demandés. — Nous ne rapporterons point les
discussions intéressantes auxquelles cette augmentation a donné lieu; les discussions sur la chasse ont
toujours eu le don d'égayer les législateurs de tous les
régimes, et, certes, l'Assemblée nationale n'a pas manqué à cette tradition. Pourvu que l'élévation de prix
qu'elle a cru devoir adopter n'augmente pas trop le
nombre des braconniers et ne porte point ainsi atteinte
aux droits du Trésor, tout en causant un préjudice

---

(1) Ce chiffre n'est pas nouveau; en 1816, on versait à
l'État 30 francs par chaque permis, et, à cette époque, l'ar-
gent avait une plus grande valeur qu'aujourd'hui.

sérieux aux communes, dont l'allocation est maintenue à dix francs !

Il n'est peut-être pas inutile de terminer ce paragraphe par l'indication de certaines dispositions de l'arrêté du 25 août relatif à l'exécution de l'article 2 que nous venons d'examiner.

L'article 1er s'applique à la création de contre-timbres; l'article 2 autorise la faculté du visa ou de l'emploi cumulé des timbres anciens pour les cas où les contre-timbres ne pourraient pas être mis en activité au jour de la promulgation de la loi; les articles 5 et 6 règlent les modifications à apporter aux types des timbres en usage avant le 25 août 1871 et le dépôt aux greffes des tribunaux des timbres et contre-timbres nouveaux; enfin les articles 3 et 4, qu'il importe de connaître, sont ainsi conçus :

Art. 3. — *Dans les trois mois*, à partir de la promulgation de la loi, les officiers publics et les particuliers seront admis à échanger les papiers filigranés et timbrés restés sans emploi entre leurs mains, contre des papiers de même nature portant les timbres ou contre-timbres établis par le présent arrêté. — Cet échange s'opérera de manière que le Trésor n'ait à faire *aucun remboursement*; et, dans le cas où le montant des droits afférents aux papiers rapportés serait inférieur à celui des papiers donnés en échange, les détenteurs seront tenus de payer l'excédant ou l'appoint.

Art. 4. — Les détenteurs de papiers timbrés à l'extraordinaire (1), antérieurement à la promulgation de

(1) Notamment les vignettes, affiches, lettres de voiture, etc., etc. Il suffit de les déposer dans un bureau d'enregistrement (où l'on acquitte les droits supplémentaires); aucuns frais de transmission ne sont exigés.

la loi susvisée et non encore employés, seront également admis, dans le *délai de trois mois,* à les présenter à la formalité du contre-timbre, en acquittant les suppléments de droit.

Mentionnons enfin une décision ministérielle rendue lors de la promulgation de la loi du 2 juillet 1862 et destinée à recevoir aujourd'hui une nouvelle application. M. le ministre des finances, consulté sur la question de savoir si l'article 17 de la loi précitée régissait les répertoires des officiers civils et ministériels et les registres sujets au timbre, qui étaient commencés au 15 juillet, répondit en ces termes : « La loi « n'ayant fait aucune distinction ni aucune exception, les *feuillets* des registres dont il s'agit restant en « blanc au jour où la loi deviendra exécutoire doivent « être soumis à l'augmentation des droits de timbre. »

DEUXIEME PARTIE

VALEURS MOBILIÈRES ÉTRANGÈRES. ACTES D'OUVERTURE DE CRÉDIT. CONTRATS D'ASSURANCES.

SECTION PREMIÈRE.

Valeurs mobilières étrangères.

Art. 3. — Les dispositions de l'article 7 de la loi du 18 mai 1850, concernant les valeurs mobilières étrangères dépendant des successions régies par la loi française, et les transmissions entre vifs à titre gratuit de ces mêmes valeurs au profit d'un Français, sont étendues aux créances, parts d'intérêts, obligations des villes, établissements publiques et généralement à toutes les va-

3

leurs mobilières étrangères, de quelque nature qu'elles soient.

Art. 4. — Sont assujettis aux droits de mutation par décès les fonds publics, actions, obligations, parts d'intérêts, créances et généralement toutes les valeurs mobilières étrangères, de quelque nature qu'elles soient, dépendant de la succession d'un étranger, domicilié en France, avec ou sans autorisation.

Il en sera de même des transmissions entre vifs à titre gratuit ou à titre onéreux de ces mêmes valeurs, lesquelles s'opéreront en France.

Ces articles renferment à la fois une extension de la matière imposable et une nouvelle dérogation aux principes qui régissaient autrefois la perception des droits de mutation par décès. Quelques détails sont indispensables à cet égard.

Il avait toujours été décidé que les lois constitutives du droit d'enregistrement sont des *statuts réels* et ne peuvent, par conséquent, atteindre les objets ou valeurs situés hors du territoire. Mais la loi du 18 mai 1850 vint briser en partie cette jurisprudence dont l'exactitude consacrait une injustice en face de l'égalité de la répartition de l'impôt. L'article 7 de cette loi est, en effet, ainsi conçu :

« Les mutations par décès et les transmissions en « tre vifs à titre gratuit d'inscriptions sur le grand

« livre de la Dette publique seront soumises aux droits
« établis pour les successions ou donations.

« Il en sera de même des mutations par décès de
« fonds publics et d'actions des Compagnies ou Socié-
« tés, d'industrie et de finances étrangères dépendant
« d'une succession *régie par la loi française*, et des trans-
« missions entre vifs à titre gratuit de ces mêmes va-
« leurs au profit d'*un Français*.

« Le capital servant à la liquidation du droit d'en-
« registrement sera déterminé par le cours moyen de
« la Bourse au jour de la transmission.

« S'il s'agit de valeurs non cotées à la Bourse, le
« capital sera déterminé par la déclaration estimative
« des parties, conformément à l'article 14 de la loi du
« 22 frimaire an VII, sauf l'application de l'article 39
« de la même loi, si l'estimation est reconnue insuffi-
« sante (1). »

Ainsi, tout en assujettissant aux droits établis pour
les successions et donations, les rentes sur l'Etat ou
inscriptions sur le Grand-Livre, qui en avaient été
exemptées par la loi organique (article 70, § 3, n° 3
(2), la loi de 1850 frappe du même coup et les fonds
publics et les actions des Compagnies ou Sociétés d'industrie et de finances *étrangers*. — Mais, remarquons-
e, elle n'est applicable, d'une part, que quand il s'a-
git de donations de ces valeurs au profit d'*un Français*,
et, d'autre part, que quand il s'agit de successions *régies par la loi française* : de sorte que, soit que la transmission entre vifs à titre gratuit s'effectue au profit
d'*un étranger* non domicilié de droit en France, soit

---

(1) Cet article prononce la peine d'un droit en sus (ou double droit vulgairement) sur les déclarations insuffisantes.

(2) Voir cependant l'art. 6 de la loi du 18 juillet 1836, au
sujet des donations entre-vifs de ces valeurs.

que la transmission par décès provienne d'*un étranger* non domicilié de droit en France, il n'y a pas lieu à la perception du droit de mutation.

Cette loi, du reste, n'avait prévu que les *actions* des compagnies étrangères; et ce défaut d'énonciation ne fut réparé que par la loi du 13 août 1863, dont l'article 11 porte : « les dispositions de l'article 7 de la loi « du 18 mai 1850 sont applicables aux obligations des « Compagnies ou Sociétés d'industrie et de finances « étrangères ; » — toujours, bien entendu, lorsque ces obligations font partie d'une succession *régie par la loi française* ou lorsqu'elles font l'objet d'une donation au profit d'*un Français*.

Or, la loi nouvelle n'admet plus aucune distinction entre ces valeurs étrangères; elle fait disparaître l'énumération incomplète des lois qui l'ont précédée ; elle passe le niveau égalitaire sur tous ces fonds de richesse et elle proclame, avec raison, que l'impôt frappera non-seulement les rentes sur les États étrangers, les *actions* et *obligations* des Compagnies ou Sociétés d'industrie et de finances étrangères, mais encore les *obligations* des *villes* et des *établissements publics étrangers,* les *créances,* les *parts d'intérêts,* en un mot, *toutes les valeurs mobilières étrangères* de quelque nature qu'elles soient.

— Assurément on ne peut qu'approuver cette extinction radicale d'immunités, de privilèges irrationnels et injustes.

Ce n'est pas tout : la loi nouvelle met un terme aux scrupules généreux et si mal appréciés que la France a toujours éprouvés vis-à-vis des étrangers résidant sur son territoire. « D'un autre côté, porte l'exposé des « motifs, les successions des étrangers domiciliés *de* « *fait* en France échappent aux droits de transmission. « La jurisprudence considère que la succession d'un « étranger établi, même depuis longues années en

« France, n'est pas régie par la loi française. Il a été
« fait de cette doctrine une application tellement ri-
« goureuse qu'il a été jugé souverainement que l'im-
« munité d'impôt s'étend à toutes les valeurs étran-
« gères possédées par cet étranger. Les articles 3 et 4
« du projet (1) ont pour but de remédier à cet état de
« choses; ils comblent les lacunes de la loi de 1850 en
« étendant aux successions des étrangers qui ont en
« France un domicile de fait ou de droit l'application
« des principes déposés dans cette loi. »

Comme conséquence de cette modification importante, les mutations de valeurs mobilières étrangères,
s'opérant en France, sont assujetties aux droits de
transmissions entre vifs à titre gratuit ou à titre onéreux. Cette dernière prescription demande quelques
explications : le droit de transmission à titre gratuit se
comprend aisément, car (à part les libéralités contenues dans les contrats de mariage, qui sont favorisées
par le tarif) ce droit est presque entièrement sembla-
ble au droit de mutation par décès (2); mais en quoi
consiste le droit de transmission à titre *onéreux?* c'est
ce qu'il convient de préciser.

Faisons d'abord une distinction entre les valeurs.
Mettons, d'un côté, les fonds placés dans les banques
ou en compte courant, les créances ordinaires... et, de
l'autre, les actions ou obligations des Sociétés, Compagnies, entreprises, ainsi que les obligations des villes,
des provinces, des établissements publics. Or, il est

(1) Ces articles ont été votés sans changement.
(2) Il n'y a, en effet, que le droit de donation en ligne directe, hors partage, qui dépasse le droit de succession : le
premier est de 2 fr. 50 pour cent, tandis que le second n'est
que de 1 franc pour cent. — Sauf cette différence, les droits
sont identiques.

3.

bien évident que la transmission des créances ordinaires, fonds placés dans les banques ou en compte courant, en s'effectuant à titre onéreux, ne peut donner lieu qu'à la perception du droit de 1 p. 100, édictée par l'article 69, § 3, n° 3 de la loi du 22 frimaire an VII pour les cessions, délégations, transports de créances. — Quant aux autres valeurs, il faut également distinguer celles qui sont cotées et négociées en France de celles qui ne le sont point. — Les premières sont régies par la législation spéciale ci-après :

I. — *Loi du* 23 *juin* 1857. — Article 9. — « Les ac-
« tions et obligations émises par les Sociétés, Com-
« pagnies ou entreprises étrangères sont soumises à
« des droits équivalant à ceux qui sont établis par la
« présente loi et par celle du 6 juin 1850 (1) sur les
« valeurs françaises ; elles ne pourront être cotées et
« négociées en France qu'en se soumettant à l'acquit-
« tement de ces droits. — Un règlement d'administra-
« tion publique fixera le mode d'établissement et de
« perception de ces droits, dont l'assiette pourra repo-
« ser sur une quotité déterminée du capital social. —
« Le même règlement déterminera toutes les mesures
« nécessaires pour l'exécution de la présente loi. »

II. — *Décret du* 17 *juillet* 1857. — Article 10. — « Pour
« l'exécution de l'article 9 de la loi (ci-dessus), les
« Sociétés, Compagnies ou entreprises étrangères qui
« ont été autorisées à faire coter leurs actions et obli-
« gations, soit à la Bourse de Paris, soit aux bourses
« départementales, seront tenues dans les deux mois
« de la promulgation de la loi, de désigner un repré-

(1) Droits de timbre payables par abonnement, selon le mode prescrit par les art. 22 à 31.

« sentant responsable en France, et de le faire agréer
« par le ministre des finances sous peine de se voir
« retirer l'autorisation dont elle jouissent. — Toute
« Compagnie qui, à l'avenir, sera autorisée à faire
« coter ses titres en France, devra également faire
« agréer par le ministre des finances un représentant
« responsable. — Les Sociétés, Compagnies et entre-
« prises mentionnées aux deux paragraphes précé-
« dents, remettront au ministre des finances une décla-
« ration indiquant le nombre de leurs actions et
« obligations, qui devra servir de base à l'impôt. Ce
« nombre sera fixé par le ministre des finances. — Ces
« Sociétés, Compagnies et entreprises payeront, pour
« leurs actions et obligations soumises à l'impôt, une
« taxe annuelle et obligatoire de *douze* centimes par
« cent francs (1), conformément au paragraphe 2 de
« l'article 6 de la loi du 23 juin 1857, sans faire aucune
« distinction entre les titres nominatifs et les titres au
« porteur. — Les dispositions des articles 5 et 7 du
« présent règlement, relatives aux époques de paye-
« ment et à la fixation du cours moyen seront appli-
« cables aux valeurs étrangères. »

Article 11. — « Le droit de timbre auquel sont assu-
« jetties les actions et obligations émises par les Socié-
« tés françaises sera acquitté par les Sociétés,
« Compagnies et entreprises étrangères dont les titres
« sont ou seront cotés en France. Ce droit sera établi
« sur la quotité du capital déclaré, conformément à
« l'article 10 du présent règlement, et payé suivant le
« mode prescrit par les articles 22 et 31 de la loi du
« 5 juin 1850. — Un avis inséré au *Moniteur* équivau-
« dra à l'apposition du timbre. »

(1) Cette taxe vient d'être portée à 15 centimes. — Voir
l'appendice *infrà*.

III. — *Décret du 11 décembre 1864.* — Article 1er. —
« A partir du 1er janvier 1865, le droit de transmission
« établi par l'article 10 de notre décret du 17 juillet
« suivant sur les titres des Sociétés, Compagnies et
« entreprises étrangères, sera perçu sur la moitié du
« capital représenté par les actions et sur la totalité
« des obligations. »

Par suite de ces dispositions, les actions et obligations des Compagnies étrangères supportent un droit
proportionnel de transmission fixé à douze centimes
(aujourd'hui quinze centimes) par cent francs, en
principal. Ce droit est perçu sur la *moitié du capital* représenté par les actions et sur la *totalité du capital* des
obligations, le tout d'après le cours moyen des actions
et obligations de l'année précédente (1). — Et, au
moyen de cette perception les transferts ou cessions
qui sont constatés dans des contrats civils se trouvent
naturellement affranchis de tout autre impôt d'enregistrement.

Pour les actions et obligations non cotées en France,
il devient forcément impossible d'appliquer la législation que nous venons de reproduire, et la perception
des droits de transmission *à titre onéreux* se règle
alors d'après les principes ordinaires. Ici encore une
distinction est à faire. — S'il s'agit *d'actions ou parts
d'intérêt* (2), c'est-à-dire de fractionnements de la masse
sociale, ayant principalement pour but de faciliter la
circulation commerciale ou civile (peu importe), il

(1) Il en est autrement du droit de timbre, lequel est assis
sur la *valeur nominale* des actions et obligations.
(2) Coupons d'actions, fractions de parts d'intérêts, deniers
ou fractions de deniers. La dénomination, pas plus que le
mode de transmission, ne fait rien à la chose.

est dû, d'après une jurisprudence définitivement consacrée, un droit proportionnel de 50 centimes pour 100 francs, en vertu de l'article 69, § 2, de la loi du 22 frimaire an VII; — s'il s'agit *d'actions non destinées à circuler*, de *parts indivisibles*, *d'intérêts dans* des Sociétés en *nom collectif*, en *participation civile*....., comme il y a plutôt alors réunion de personnes que de capitaux, comme les valeurs mises en commun conservent un caractère de propriété individuelle, la cession à titre onéreux est passible du droit de 2 francs pour 100 fr., fixé pour les ventes de meubles (1) ; — S'il s'agit enfin *d'obligations*, leur transmission donne évidemment lieu au droit de 1 franc pour 100 francs, comme s'il était question de cessions de créances ordinaires : aucune difficulté ne saurait s'élever à cet égard, puisque la négociation de ces obligations n'étant point autorisée en France, elles perdent, aux yeux de la loi fiscale, leur physionomie propre, leur titre de valeurs industrielles, financières ou commerciales.

Résumons nos articles 3 et 4.— Premièrement, toutes les valeurs étrangères, quelles qu'elles soient, sont assujetties aux droits de transmission par décès ou de transmissions entre vifs à titre gratuit ou à titre onéreux, lorsque ces transmissions ont lieu en faveur ou au profit d'un Français. — Secondement, toutes les valeurs étrangères indistinctement sont assujetties aux droits de transmission, soit à titre onéreux, soit entre vifs à titre gratuit, soit par décès, lors même qu'elles ont lieu en faveur ou au profit d'un étranger résidant en France et sans qu'il y ait à se préoccuper de la

---

(1) D'après l'art. 529 du Code civil, les actions ou intérêt dans les compagnies de finance ou d'industrie, sont réputés *meubles* pendant toute la durée de la société.

question de savoir s'il y est domicilié avec ou sans autorisation. Cette règle est absolue ; elle ne souffre aucune exception et elle est, d'ailleurs, parfaitement justifiée par ce passage de l'exposé des motifs : « N'est-« il pas juste que l'étranger qui s'est fixé sur notre « territoire contribue aux charges publiques en rai-« son de sa fortune, et que sa qualité d'étranger ne « soit plus un motif pour être exempté des impôts que « payent les Français, lorsqu'ils possèdent des valeurs « étrangères ? (1)

SECTION II.

Ouvertures de crédit.

Art. 5. — Les actes d'ouverture de crédit sont soumis à un droit proportionnel d'enregistrement de cinquante centimes par cent francs.

La réalisation ultérieure du crédit sera assujettie aux droits fixés par les lois en vigueur, mais il sera tenu compte dans la liquidation du montant du droit payé en exécution du paragraphe premier du présent article.

(1) Quant aux actes translatifs de propriété, d'usufruit et de jouissance de biens *immeubles* situés en pays étranger, ils restent soumis au droit fixe de 10 francs, en vertu de la loi du 16 juin 1824 (art. 4).

Le droit d'hypothèque, fixé à un pour mille par l'article 60 de la loi du 28 avril 1816, sera perçu lors de l'inscription des hypothèques garantissant les ouvertures de crédit.

« Souvent, dit M. Pardessus (1), un commerçant con-
« tracte l'obligation de fournir à une personne des
« fonds ou des effets négociables jusqu'à concurrence
« d'une somme déterminée, ce qu'on appelle ouvrir un
« crédit. Cette convention constitue de la part du cré-
« diteur la promesse de prêter, et de la part du cré-
« dité, celle d'emprunter. En effet, le premier s'engage
« envers l'autre à payer ou accepter jusqu'à concur-
« rence de la somme convenue, les lettres de change
« ou mandats que celui-ci doit tirer, ou les billets et
« autres effets de commerce qu'il souscrira pour être
« payés chez lui, et réciproquement le crédité se consti-
« tue débiteur du montant du crédit et de ses acces-
« soires. » L'ouverture de crédit est donc un contrat
sui generis, particulier au commerce, et qui peut-être
considéré comme un prêt quand le crédit est réalisé,
ou bien comme une *promesse de prêter et d'emprunter*
réalisable aux termes et dans les conditions réglés
par les parties. Mais ce qui le distingue spécialement,
c'est l'incertitude et l'éventualité de ses effets, car s'il
est vrai que le crédit peut se réaliser intégralement,
il peut tout aussi bien ne se réaliser qu'en partie ou
même ne pas se réaliser du tout : aussi lui avait-on
appliqué jusqu'ici la règle du droit fixe d'enregistrement de deux francs, qui régit les contrats subordonnés
à une condition suspensive.

(1) Droit commercial, nº 473 et suivants.

Désormais il n'en sera plus ainsi et il sera perçu la moitié du droit de un franc pour cent francs édicté par l'article 69, § 3, n° 3 de la loi du 22 frimaire an VII, sauf règlement ultérieur. Cette innovation a été acceptée par la Commission et par l'Assemblée elle-même sans aucune discussion, les raisons données à l'appui du projet de loi ayant paru fondées et concluantes, ainsi qu'elles le sont en réalité. Les voici :

« Les ouvertures de crédit, que les lois sur l'enregis-
« trement n'ont pas nommément tarifées, rentrent
« dans la classe des obligations de sommes. Pendant
« de longues années elles ont été considérées comme
« des promesses de payer assujetties par la loi orga-
« nique de l'enregistrement à un droit de 1 0/0. Ce-
« pendant, comme réellement ces actes n'acquièrent
« toute leur perfection que par la réalisation du prêt,
« la jurisprudence ne les a plus assujettis qu'à un
« droit fixe, sauf recouvrement ultérieur du droit de
« 1 0/0, lorsque la tradition des deniers est constatée
« par des actes parvenus à la connaissance de l'admi-
« nistration. — Or, l'expérience démontre qu'il y a
« très-peu d'ouvertures de crédit qui ne soient pas
« suivies de réalisation, et qu'en général, ces actes ne
« servent qu'à dissimuler de véritables prêts et à
« fournir le moyen d'échapper au payement des taxes
« fiscales. La jurisprudence civile ayant, en outre, re-
« connu que les effets de l'hypothèque qui garantit
« une ouverture de crédit remonte non à l'époque de
« la réalisation, mais à la date même de l'ouverture
« du crédit, ces sortes de conventions se sont multi-
« pliées, et le Trésor en éprouve un préjudice notable.
« — Nous avons pensé que ce contrat constituant
« entre les parties une promesse de prêter obligatoire
« dont l'inexécution donne lieu à des dommages-
« intérêts, ne pouvait être confondu dans la classe

« des conventions qui, subordonnées à une condition
« suspensive, sont dénuées de tout effet légal jusqu'à
« l'accomplissement de cette condition. Or, du mo-
« ment où un lien de droit quelconque existe entre les
« parties et fait naître un avantage juridique, l'exis-
« tence de ce lien et de cet avantage suffit pour jus-
« tifier l'application du droit proportionnel. Cepen-.
« dant, la promesse de prêter, bien qu'obligatoire, ne
« devenant parfaite que par la livraison effective des
« sommes prêtées, il est juste et équitable de ne per-
« cevoir sur la promesse qu'un droit modéré, sauf à
« répéter ultérieurement le droit fixé pour les obliga-
« tions de sommes, lorsque la preuve du versement
« des deniers sera fournie par des actes parvenus à la
« connaissance de l'Administration. C'est dans cet
« ordre d'idées que l'article 5 a été conçu et que le
« droit proportionnel des ouvertures de crédit n'est
« fixé qu'à 50 centimes par cent francs. »

Quant à l'imputation de ce droit sur celui de un
pour cent, elle se fait très-simplement. Supposons, par
exemple, un acte d'ouverture de crédit de 100,000
francs; il est perçu d'abord, à raison de 50 centimes 0/0, cinq cents francs. Plus tard, il est établi,
par des actes parvenus à la connaisance de l'Administration, que le crédit a été réalisé jusqu'à concurrence
de 75,000 francs : sur cette somme, il est dû, à raison
de 1 0/0, sept cent cinquante francs ; le droit complé-
mentaire à percevoir n'est plus que de 250 francs,
puisqu'il faut déduire 500 francs, « montant du droit
« payé. » — De même si le crédit n'avait été réalisé
que jusqu'à concurrence de 50,000 francs il ne serait plus rien dû. — Enfin, s'il avait été réalisé
jusqu'à concurrence de 40,000 francs seulement,
bien que le droit de 1 0/0 ne s'élève qu'à 400 francs,
l'excédant de 100 francs perçu sur l'acte d'ouverture

4

ne serait point à reprendre par les parties, à cause de
ce principe formulé dans l'article 60 de la loi du 22
frimaire an VII : « Tout droit perçu régulièrement en
« conformité de la loi ne peut être restitué, quels que
« soient les événements ultérieurs et sauf les cas
« prévus. »

Indépendamment du droit d'enregistrement, les
actes d'ouverture de crédit sont assujettis au droit
d'inscription de un franc pour mille. Le projet de loi
n'avait pas parlé de cette perception et, s'il eût été
maintenu, le seul droit à percevoir aurait été le droit
fixe de deux francs, comme précédemment. Mais la
Commission a réparé cette lacune et, chose digne de
remarque, elle a demandé le droit *intégral* d'hypothèque au moment même de l'inscription destinée à
garantir le crédit ouvert : cette demande a été accueil-
lie par l'Assemblée nationale. Quels qu'aient été les
motifs de cette anomalie, il n'est pas possible de
l'approuver. Sans doute, l'effet de l'inscription se produit imédiatement, bien que le prêt constaté par la
réalisation ne prenne naissance que longtemps après.
Cependant il est de jurisprudence que l'hypothèque
consentie dans de pareilles circonstances ne s'applique
qu'au *résultat final* de l'opération du crédit ouvert et
non à chaque engagement souscrit par suite de l'acte
d'ouverture, et il a été décidé notamment que le tiers
porteur d'un effet ne peut prétendre au bénéfice de
l'hypothèque et n'a qu'une créance purement personnelle contre les signataires, sans distinction, de l'effet
qu'il a entre les mains, et enfin que l'hypothèque tom-
berait si, par le *résultat final* du compte courant amené
par l'ouverture de crédit, celui qui en avait profité se
trouvait entièrement libéré (1). — Reconnaissons

(1) Cass. du 12 janvier 1837 (S. V. 37, 1, 331).

donc que si la disposition relative au droit proportionnel d'enregistrement est rationnelle et jusqu'à un certain point équitable, celle du droit proportionnel *intégral* d'inscription hypothécaire n'est ni juste ni logique : assurément, l'article proposé par le Gouvernement devait être adopté sans modification et tout ce qu'on peut faire valoir pour absoudre le Législateur c'est le peu d'élévation du tarif (1).

En définitive, les actes d'ouverture de crédit supportaient autrefois un droit fixe d'enregistrement et un droit fixe d'inscription, sauf la perception ultérieure du droit proportionnel de 1 0/0 et du droit proportionnel de 1 pour mille sur le montant de la réalisation ; aujourd'hui ils supportent le droit proportionnel d'enregistrement à 50 centimes, dont le montant reste imputable sur celui de 1 0/0 exigible lors de la preuve de la réalisation, et le droit d'inscription de 1 pour mille, droit qui, le plus souvent, n'eût point été exigible sur l'intégralité des sommes comprises dans le crédit ouvert.

Terminons par une observation relative à la solidarité des parties au point de vue de la perception du droit supplémentaire d'enregistrement ; si l'on en juge par les nombreuses décisions judiciaires intervenues sur cette question depuis vingt ans, cette observation ne sera point absolument superflue. Il est donc utile que les contractants sachent bien que, quand l'administration de l'enregistrement parvient à obtenir la preuve de la réalisation du crédit, en dehors du con-

---

(1) Comment peut-on exiger le droit proportionnel *entier* sur un crédit ouvert de 100,000 francs, par exemple, alors que le compte courant pourra être arrêté à 50,000... à 10,000 ou même à zéro !!!

cours de l'une ou de l'autre des parties, elle peut réclamer les droits exigibles soit au *créditeur*, soit au
crédité, soit à la *caution*, en un mot, à tous ceux qui
ont figuré dans l'acte d'ouverture : la jurisprudence
est à jamais fixée sur ce point et la loi nouvelle n'a
apporté aucune dérogation au principe général ressor-
tant de la législation même de l'enregistrement.

SECTION III

Assurances

Art 6. — Tout contrat d'assurance maritime
ou contre l'incendie, ainsi que toute convention
postérieure contenant prolongation de l'assurance,
augmentation dans la prime ou le capital assuré,
désignation d'une somme en risque ou d'une prime à payer, est soumis à une taxe obligatoire,
moyennant le payement de laquelle la formalité
de l'enregistrement sera donnée gratis toutes les
fois qu'elle sera requise.

La taxe est fixée ainsi qu'il suit, savoir :

1° Pour les assurances maritimes et par chaque
contrat, à raison de cinquante centimes par cent
francs, décimes compris, du montant des primes
et accessoires de la prime.

La perception suivra les sommes de vingt francs en vingt francs, sans fraction, et la moindre taxe perçue pour chaque contrat sera de vingt-cinq centimes, décimes compris.

2° Pour les assurances contre l'incendie et annuellement, à raison de huit pour cent du montant des primes et accessoires des primes ou, en cas d'assurance mutelle, de huit pour cent des cotisations ou des contributions.

La taxe sera perçue d'après les mêmes bases, sur les contrats en cours, mais seulement pour le temps restant à courir et sauf recours pour les assureurs contre les assurés.

Les contrats de réassurance ne sont pas assujettis à la taxe, à moins que l'assurance maritime, souscrite à l'étranger, n'ait pas été soumise au droit.

Art. 7. — La taxe fixée par l'article précédent sera perçue, pour le compte du Trésor, par les compagnies, sociétés et tous autres assureurs, courtiers ou notaires, qui auraient rédigé le contrat.

Les répertoires ou livres, dont la tenue est prescrite par les articles 35, 44, 45 et 47 de la loi du 5 juin 1850, feront mention expresse, pour

4.

chaque contrat, du montant des primes ou cotisations exigibles, ainsi que de la taxe payée par
les assurés en exécution de l'article 6 de la présente loi.

Chaque contravention sera passible d'une amende
de dix francs.

Ces dispositions, celles de l'article 6 et celles
des lois des 5 juin 1850 et 2 juillet 1862, sont
applicables aux sociétés et assureurs étrangers qui
auraient un établissement ou une succursale en
France.

Art. 8. — Les contrats d'assurances passés à
l'étranger pour des immeubles situés en France,
ou pour des objets ou valeurs appartenant à des
Français, doivent être enregistrés avant toute publicité en usage en France, à peine d'un droit en
sus qui ne peut être inférieur à cinquante francs.

Le droit est fixé ainsi qu'il suit :

Pour les assurances contre l'incendie, à raison
de huit francs par cent francs du montant des
primes, multiplié par le nombre d'années pour lequel l'assurance a été contractée.

Pour les assurances maritimes au taux fixé par
l'article 6 ci-dessus.

Art. 9. — Les contrats d'assurances contre l'incendie passés en France pour des immeubles ou objets mobiliers situés à l'étranger ne sont pas assujettis au payement de la taxe; mais il ne pourra en être fait aucun usage en France, soit par acte public, soit en justice ou devant toute autre autorité constituée, sans qu'ils aient été préalablement enregistrés. Le droit sera perçu au taux fixé par l'article précédent, mais seulement pour les années restant à courir.

Art. 10. — Un règlement d'administration publique déterminera le mode de perception et les époques de payement de la taxe établie en l'article 6 ci-dessus ainsi que toutes les mesures nécessaires pour assurer l'exécution des articles 6 4 7 de la présente loi. Chaque contravention aux dispositions de ce règlement sera passible d'une amende de cinquante francs.

Le contrat d'assurance est celui par lequel une partie, désignée sous le nom d'assureur, prend à sa charge, moyennant un prix convenu appelé prime, les risques de l'autre partie, désignée sous le nom d'assuré, et s'engage à l'indemniser de la perte ou du dommage résultant d'événements fortuits ou de force majeure.

Quatre éléments sont indispensables à l'existence

de ce contrat : la capacité et le libre consentement de l'assureur et de l'assuré ; un objet, un bien quelconque représentant une valeur matérielle appréciable; les risques auxquels cet objet ou ce bien peut être exposé ; la prime stipulée pour ces risques (1).

De plus, il ne peut être prouvé que par écrit : « Si « le défaut de preuve littérale n'emporte pas, en « droit, la nullité du contrat, il en produit, en fait, « tous les résultats, puisqu'il empêche qu'aucune des « parties ait action pour en poursuivre l'exécu- « tion (2). » L'écrit constatant le contrat d'assurance porte le nom de police.

Les assurances se divisent en deux grandes catégories : les assurances maritimes et les assurances terrestres. Les premières sont régies par les dispositions spéciales du code de commerce, réunies sous le titre X (articles 332 à 396). Quant aux secondes, elles embrassent tous les risques qui ne sont pas compris dans les assurances maritimes ; les plus usitées sont celles contre l'incendie, contre l'inondation, contre la grêle, la gelée, la mortalité des bestiaux, celles contre les risques auxquels sont exposés les objets transportés sur les rivières et canaux, enfin celles sur la vie.

En dehors de ces assurances proprement dites, il y a encore les assurances *mutuelles*, c'est-à-dire les sociétés contractées par les propriétaires d'objets semblables, exposés à des risques identiques, dans le but

---

(1) On peut évidemment assurer toute espèce de biens contre toute espèce de risques : de là les assurances sur la vie, contre les risques de la maladie, des accidents...... contre la vieillesse, la mort... (Alauzet, *Traité général des Assurances*, Quénault, Grün et Jolyat, Eugène Reboul.)

(2) Alauzet, *Commentaire du Code de Commerce*, t. 2, p. 211.

de réparer, à frais communs, les dommages qui auront frappé quelques-uns d'entre eux. Chacun des associés se trouve *assureur* en même temps qu'*assuré*; il donne, pour prix de la garantie que la Société lui accorde, l'engagement qu'il contracte lui-même de contribuer à la réparation des pertes souffertes par les autres. Les parts contributives sont généralement appelées *cotisations* et elles tiennent lieu des primes annuelles dues dans les autres assurances; mais, à la différence de celles-ci qui sont fixes, elles sont forcément variables et éventuelles, puisqu'elles dépendent du nombre et de l'étendue des sinistres, ainsi que du nombre et de l'importance des propriétés assurées.

Ces définitions nous permettront de mieux comprendre les dispositions de la loi nouvelle à l'égard de ces contrats tout spéciaux qui n'étaient jusqu'ici, pour ainsi dire, soumis qu'à l'impôt du timbre (1). Faisons d'abord connaître les raisons qui justifient les mesures fiscales que nous avons à apprécier.

« Le contrat d'assurance, porte l'exposé des motifs,
« est peut-être de tous les contrats celui qui profite le
« plus des dépenses que l'Etat s'impose pour la con-
« servation de la propriété, la protection de la vie hu-
« maine et l'amélioration des ports et des passes ma-
« ritimes. En outre, ce contrat crée, entre les parties
« qui le forment, des droits et des obligations réci-
« proques pour lesquels chacune d'elles vient fré-
« quemment demander appui et protection aux di-
« verses branches de l'autorité publique.

(1) Art. 33 et suivants, titre III de la loi du 5 juin 1850 ; art. 18 de la loi du 2 juillet 1862, portant l'abonnement à 3 centimes pour 1000 francs des sommes assurées, au lieu de 2 centimes.

« Cependant ce contrat n'a été soumis jusqu'à pré-
« sent à aucune taxe obligatoire, si ce n'est celle du
« timbre, à laquelle sont assujetties d'ailleurs toutes
« les conventions qui doivent être rédigées par écrit.
« Les lois sur l'enregistrement ne font mention ex-
« presse que des assurances maritimes, et la loi de
« 1824 ne les assujettit qu'à un droit fixe, à moins que
« les difficultés qui surgissent entre les parties ne les
« contraignent d'avoir recours à la justice. Le droit est
« alors de 1 pour 100 du montant des primes

Le Trésor ne recueille donc aucun avantage appré-
« ciable des sacrifices qu'il s'impose, et le compte défi-
« nitif des recettes de l'exercice 1868 (le dernier qui
« ait été rendu) nous démontre que les assurances
« contre l'incendie ne rapportent à l'état que 100,000 fr.
« environ, et que la part contributive des assurances
« maritimes dans les recettes du Trésor ne dépasse
« pas 7,000 fr.

« Nous avons pensé que cette sorte d'immunité
« dont les contrats d'assurance ont joui jusqu'ici de-
« vait cesser en présence des charges nouvelles impo-
« sées aux finances de l'Etat, et qu'une fois la légitimité
« de l'impôt reconnue il y avait lieu d'examiner les di-
« verses natures d'assurances, d'étudier les bases sur les-
« quelles l'impôt doit être assis, d'en déterminer la quo-
« tité, et enfin de rechercher les moyens de perception.

« Il nous a paru tout d'abord que certaines assu-
« rances, soit à raison de l'objet auquel elles s'ap-
« pliquent, soit à raison des risques qu'elles courent,
« et dont la probabilité n'a point encore acquis un de-
« gré de certitude suffisant, il nous a paru, disons-
« nous, que certaines assurances devaient rester pla-
« cées sous le régime fiscal actuel. Telles sont, par
« exemple, les assurances sur la vie, contre la grêle
« la gelée, l'inondation, l'épizootie, et pour les objets

« transportés sur les fleuves et canaux. C'est sur les
« assurances contre l'incendie (quelle qu'en soit la
« cause) et sur les assurances maritimes qu'il nous a
« paru juste d'établir des droits nouveaux. »

Ainsi, désormais, les contrats d'assurances seront
régis et par la législation ancienne et par la législation
nouvelle. Quand il s'agira d'assurances maritimes ou
d'assurances contre l'incendie, on appliquera la loi du
23 août 1871 ; quand, au contraire, il s'agira d'assurances sur la vie, d'assurances contre la grêle, l'inondation, l'épizootie..., on appliquera la loi du 22 frimaire an VII (art. 69, § 2, n° 2), et la loi du 28 avril
1816 (art. 51 n° 2), commentées par une décision ministérielle du 9 mai 1821, et d'après lesquelles les contrats constatant ces assurances sont assujettis au droit
proportionnel de 1 pour 100 sur le montant des primes
annuelles ou de la prime totale versée en une seule
fois. Seulement, remarquons-le, ce droit n'est perçu
que tout autant que les polices sont soumises à la formalité de l'enregistrement, tandis que le droit édicté
actuellement pour les assurances maritimes et pour
les assurances contre l'incendie est exigible indépendamment de cette formalité, et est, par conséquent,
obligatoire au lieu d'être *facultatif*.

Cela posé, voyons quelle est la quotité du nouveau
droit et sur quelles bases il est assis.

A. — En premier lieu, pour les assurances maritimes (1) le droit est, par chaque contrat, de 50 centi-

_____

(1) D'après l'art. 5 de la loi du 16 juin 1824 et l'art. 8 du
18 mai 1850, les polices d'assurance n'étaient assujetties qu'au
droit fixe de 2 francs ; mais si elles étaient produites en justice, elles étaient passibles du droit proportionnel de 1 pour
cent sur le montant des primes, en temps de paix, et de
50 centimes pour cent en temps de guerre (art. 51, n° 2, de la
loi du 28 avril 1816).

mes par 100 francs, décimes compris, du montant des primes et accessoires de la prime. Et d'abord, pourquoi cette dérogation au principe général (principe reproduit même dans l'article 6 qui nous occupe), d'après lequel les droits d'enregistrement se composent d'un droit principal et de deux décimes? C'est ce qu'il est d'autant plus• difficile d'expliquer que le projet de loi parlait d'un droit de 50 centimes en principal. Plutôt que de créer une exception qui n'a pas sa raison d'être, il valait mieux, ce nous semble, faire le sacrifice de deux centimes et porter le droit principal à *quarante* centimes, non compris les deux décimes.

Ensuite, le droit est perçu *par chaque contrat*, dit le texte; il nous paraît hors de doute que ces termes ne se rapportent point à l'acte extérieur (*instrumentum*) mais à la convention elle-même. Dès-lors, si le contrat contenait plusieurs assurances, le droit serait perçu séparément pour les parties ayant un intérêt distinct, conformément à la règle générale.

Enfin le droit est assis sur le montant total des *primes, surprimes, augmentations de primes ou accessoires*. Cette base est irréprochable. Si, en effet, l'impôt avait été établi *sur le capital mis en risque*, il serait arrivé que le capital, qui aurait fait sept ou huit fois la navigation dans une année et serait ainsi devenu l'objet de sept ou huit polices, aurait payé sept ou huit fois plus que si, engagé dans un seul voyage par an, il n'avait donné lieu qu'à une seule police : d'où la conséquence inévitable qu'un petit capital aurait été grevé beaucoup plus qu'un capital considérable expédié au loin et ne revenant qu'après une longue traversée au port d'embarquement. C'est ce que font très-bien ressortir les lignes suivantes tirées de l'exposé des motifs : « La base du droit anglais repose sur

« le capital assuré, de telle sorte que les assurances
« dont le risque est très-limité et la durée très-courte
« comme, par exemple, les assurances au cabotage,
« supportent un droit égal aux contrats pour la navi-
« gation au long cours, dont les risques multiples don-
« nent lieu au payement d'une prime élevée. Ce mode
« d'assiette de l'impôt est contraire au principe de la
« proportionnalité des charges et nous avons dû le re-
« pousser. »

B. — En second lieu, en ce qui concerne les assurances contre l'incendie (qui subissaient le droit de
1 pour 100 sur le montant des primes, mais seulement
quand la formalité de l'enregistrement était requise (1),
le droit est de 8 fr. pour 100, plus le double décime
s'élevant à 1 fr. 60 c. sur le montant des primes, soit
9 fr. 60 c.

Nous n'avons aucune remarque à faire sur la quotité de ce droit, dont l'élévation se justifie par tous les
arguments possibles. Mais nous ne saurions passer
sous silence les débats intéressants qui se sont produits
au sujet de la base de la perception. Le Gouvernement
avait dit : « L'assurance n'est autre chose que la pro-
« babilité d'une perte transformée en une certitude
« de réparation ou d'indemnité moyennant le paye-
« ment d'une somme dont le taux varie et s'accroît en
« raison de la probabilité du sinistre. Cette somme,
« dont le versement est annuel, prend le nom de prime.
« La prime est donc l'expression, la mesure du risque
« couru par l'assurance. C'est sur cette base que nous
« vous proposons d'asseoir la nouvelle taxe... (2). »

(1) Art. 51, n° 2, de la loi du 28 avril 1816.
(2) Voir l'exposé des motifs, § 2.

La commission proposa, au contraire, d'asseoir l'impôt sur le *capital assuré*, comme on l'avait proposé dans un projet déposé au Corps législatif, le 16 avril 1864. Ses raisons les plus déterminantes étaient à peu près celles-ci : dans l'assurance, le capital assuré représente les avantages et la prime correspond aux charges du contrat ; la prime est l'obligation de celui qui s'assure ; si la prime était la base de la taxe, la loi prendrait les obligations, les charges de l'assuré pour l'assiette de l'impôt et lèverait un droit d'autant plus grand que les charges seraient plus lourdes ; le risque est la cause qui aggrave les charges de l'assuré, et l'on ne peut pas considérer le risque comme une richesse à imposer, etc., etc., etc., etc. Après une discussion fort remarquable, l'article fut renvoyé à la Commission, malgré sa protestation (1). Lors de la reprise (2), M. le Ministre des Finances combattit de nouveau la proposition de la Commission et finit par obtenir l'adoption d'un amendement, devenu la seconde partie de notre article 6. Nous regrettons de ne pouvoir rendre compte *in extenso* de la lutte engagée au sujet de cette grave question, et nous nous contenterons de citer l'argumentation de M. Clapier, qui fait le mieux ressortir l'exactitude de la solution adoptée par l'Assemblée nationale. Voici donc le discours de l'honorable représentant :

« Messieurs, en matière de finances, il est quelques « principes dont il ne faut jamais s'écarter. — Je crois « que l'impôt établi sur le capital est une violation de « ces principes. Permettez-moi de vous le démontrer « en peu de mots.

(1) Voir la séance du 11 août 1871.
(2) Voir la séance du 17 août 1871.

« Le premier principe, c'est que l'impôt revêt jus-
« qu'à un certain point la nature de la matière impo-
« sée, prend son caractère et surtout son exigibilité.
« Ainsi, l'impôt sur les mutations se perçoit au mo-
« ment où la mutation a lieu; l'impôt sur la consom-
« mation se perçoit au moment où la consommation
« a lieu. L'impôt-que vous établissez sur les assu-
« rances, quand se percevra-'-il? Annuellement. Or,
« qu'est-ce qu'il y a de perçu dans le contrat annuel?
« C'est la prime; ce n'est ni le capital ni l'éventualité.
« Et si vous voulez que votre impôt suive la nature
« de la matière imposée, qu'il soit annuel comme elle,
« il faut nécessairement l'établir sur la prime.

« Second principe : il ne faut établir des impôts que
« sur des certitudes et non sur des éventualités. Dans le
« contrat d'assurances qu'y a-t-il de certain? Une
« seule chose, la prime payée; le capital n'est qu'une
« éventualité; il peut très-souvent, le plus souvent
« même, ne pas se réaliser. Eh bien! vous désertez ce
« qui est certain, vous courez après ce qui est éventuel,
« vous violez tous les principes en matière de finances.

« J'ajoute même qu'en matière d'assurances il n'y
« a pas de capital, et cela est si vrai que, lorsqu'un
« immeuble est brûlé, l'indemnité (car c'est le seul
« mot donné par les compagnies d'assurances) ne re-
« présente pas l'immeuble, elle n'appartient pas au
« créancier hypothécaire : c'est une somme mobilière
« qui rentre dans la fortune mobilière de l'assuré, sur
« laquelle le créancier hypothécaire, je le répète, n'a
« aucun droit, parce que ce n'est pas un capital. C'est
« une somme provenant uniquement du contrat.
« Lors donc que vous imposeriez le capital, vous impo-
« seriez une chose qui n'existe pas.

« Mais permettez-moi une assimilation. Quand
« vous achetez un immeuble, sur quoi est assis le

« droit d'enregistrement qu'on réclame? Sur le prix
» de l'immeuble. Quand vous passez une assurance,
« qu'est-ce que vous faites? Vous avez un risque et
« vous achetez une sécurité contre ce risque. Une as-
« surance, c'est un achat de sécurité que l'on fait
« comme on fait l'achat d'un immeuble. Quel est le
« prix de cet achat? C'est la prime. C'est donc la
« prime qui doit supporter l'impôt, comme c'est le
« prix de l'immeuble qui supporte le droit d'enregis-
« trement en cas d'achat d'immeuble.

« Ainsi, vous le voyez, toutes les analogies comme
« tous les principes concourent à démontrer que ce
« n'est pas sur ce prétendu capital qui n'existe pas,
« qui ne se réalise pas le plus souvent, mais que c'est
« sur une chose certaine qui est dans le contrat as-
« suré, la prime payée, que doit porter l'impôt.

« J'ajoute que la prime est ici le vrai signe repré-
« sentatif du contrat : car, qu'est-ce que c'est que le
« contrat d'assurance? C'est le contrat passé sur le
« risque. Quelle est la mesure du risque? La prime.
« Eh bien! faire porter l'impôt sur autre chose que la
« prime, c'est le faire peser sur quelque chose qui
« n'est pas essentiellement dans le contrat, qui ne peut
« venir qu'éventuellement. » — L'orateur cite alors
les assurances maritimes dont nous venons de parler,
puis les assurances sur les risques des ouvriers, et il
ajoute :

« Je vous demanderai, dans ce dernier cas, où est
» le risque du capital. Ainsi, je garantis moyennant
« telle prime à un propriétaire d'usine de lui payer
« toutes les sommes auxquelles il sera condamné en
« cas d'accidents survenus aux ouvriers qu'il occupe.
« Où est le capital dans cette assurance? Mais il
« n'existe pas; il n'y a qu'une prime qui m'est due
« pour que je me charge des risques de l'industriel au

« cas où ses ouvriers éprouveraient un dommage. Le
« capital ici encore n'est qu'une chose fictive. C'est
« une éventualité, elle dépend de l'évaluation des tri-
« bunaux, et, je vous le demande, est-il possible de
« faire servir une éventualité aussi vague que celle-là
« à l'assiette d'un impôt régulier?

« Tout cela se réduit à un seul mot : L'assurance
« est une question de risque; la prime est la mesure
« du risque; donc c'est sur la prime que l'impôt doit
« être établi. » (Très-bien! — Très-bien!) (1).

En résumé, c'est avec raison que le législateur a
donné la préférence au système du Gouvernement :
autrement, il y aurait eu dans la loi une nouvelle
anomalie, absolument inexplicable. Dans les assurances maritimes, en effet, c'est la prime qui est frappée; pourquoi, dans les assurances contre l'incendie,
aurait-on frappé le capital assuré? « Parce que, disait
« excellemment le Ministre des Finances, parce que
« ma propriété sera noyée, elle sera imposée sur la
« prime, et parce qu'elle aura été brûlée, elle sera im-
« posée sur le capital! Il y a là une anomalie que
« nous n'avons pas pu accepter et que nous re-
« poussons » (2).

C. — En troisième lieu, quant aux assurances mutuelles, qui n'étaient assujetties qu'au droit fixe de
cinq francs, comme acte de Société (3), le droit est éga-

_____

(1) Séance du 17 août 1871.
(2) A un point de vue plus restreint, nous pourrions dire,
à notre tour : « Parce que ma propriété sera noyée, je ne
payerai pas la taxe additionnelle des décimes qui pèse sur
tous les droits d'enregistrement, et parce qu'elle aura été
brûlée je payerai cette taxe ! » Pourquoi donc, encore une
fois, pourquoi cette différence ? pourquoi ne s'en être pas
tenu au projet de loi à cet égard ?
(3) Décision ministérielle du 21 décembre 1821.

5.

lement de huit francs pour cent (plus les décimes) des
cotisations ou contributions annuelles. — L'uniformité est complète entre ces assurances et les assurances sur l'incendie; car, ainsi que nous l'avons vu, les
cotisations ou contributions dans les assurances mutuelles tiennent lieu des primes annuelles dans les
autres assurances. — Toutefois, cette uniformité
n'existait pas dès le principe, car le projet du gouvernement tarifait à cinq centimes par mille francs le
capital assuré, en cas d'assurances mutuelles, et l'on
disait alors : « Imposer les Sociétés d'assurances mu-
« tuelles d'après la cotisation, ce serait, en réalité,
« soumettre à la taxe le montant des sinistres... Ce
« mode favorisera d'ailleurs, dans une certaine me-
« sure, les habitations agricoles, dont la majorité
« est assurée à des compagnies mutuelles, et qui, par
« suite d'une construction défectueuse, supportent
« des cotisations élevées (1). » Ces raisons, selon nous,
étaient péremptoires : il est souverainement regretta-
ble que plus il y a de sinistres, plus il y ait d'impôt
à payer, puisque plus il y a de sinistres, plus les cotisations ou contributions sont élevées; et, d'autre
part, on conçoit difficilement que les sinistres puissent
servir de base à l'impôt, ce qui a lieu, en définitive,
avec la loi telle qu'elle a été adoptée. Tout ce que l'on
peut dire, c'est que le gouvernement, en substituant
une nouvelle disposition à la première, à voulu sauver le principe de *la prime pour base de l'impôt*, principe énergiquement repoussé par la commission, et
éviter l'anomalie qu'elle lui reprochait au sujet des
assurances maritimes. « Nous avons demandé, dit
« M. le ministre des finances, que l'impôt soit établi

---

(1) Voir l'exposé des motifs, § 2.

« sur la prime sans rechercher s'il s'agit de compa-
« gnies maritimes, de compagnies d'assurances mu-
« tuelles contre l'incendie, de compagnies à prime
« fixe. Dans les assurances mutuelles, les cotisations
« annuelles qui représentent aussi la prime sont seu-
« les imposées. Ces cotisations supporteront une aug-
« mentation moindre que celles des compagnies à
« prime fixe, pour une raison bien simple, c'est que
« la cotisation de l'assurance ne comporte d'autres
« frais que les frais d'administration, tandis que dans
« les compagnies à primes fixe, outre la part payée
« en vue des sinistres, outre les frais d'administration,
« il y a le bénéfice qui vient récompenser largement
« le capital engagé dans ces compagnies (1). »

D. — Il est donc bien entendu que, d'après notre
article 6, le droit d'enregistrement est dû, savoir :
1° pour *les assurances maritimes*, à raison de cinquante centimes par cent francs, décimes compris, du
montant des primes et accessoires de la prime, sur
chaque convention d'assurance, en suivant les sommes
de vingt francs en vingt francs et avec un minimum
de vingt-cinq centimes ; 2° pour les assurances à *primes fixes* contre l'incendie, à raison de huit francs
pour cent et un franc soixante de décimes sur le montant des primes recueillies annuellement par les Compagnies ; 3° pour les assurances *mutuelles* contre l'incendie, à raison de huit francs pour cent et un franc
soixante de décimes sur le montant des cotisations ou
contributions versées annuellement aux Sociétés. —
Mais il y a à remarquer qu'en ce qui concerne les
assurances contre l'incendie, le droit n'est point perçu
sur chaque police et que la perception ne suit point

(1) Séance du 17 août 1874.

les sommes de vingt francs en vingt francs, comme
cela est ordonné pour les assurances maritimes : c'est
ce qui résulte naturellement de la précaution prise
par le Législateur de reproduire, au sujet de ces dernières assurances exclusivement, le principe fonda-
mantal écrit dans l'article 2 de la loi du 27 ventôse
an IX (1).

Au moyen de la perception de ces taxes annuelles,
tous les contrats d'assurances seront soumis gratuite-
ment à l'enregistrement, lorsque les compagnies ou
les assurés jugeront convenable de recourir à une
formalité qui, en donnant aux actes une date certaine,
peut empêcher des antidates ou d'autres inconvénients.
Il suit de là encore qu'il n'est point dérogé aux dispositions qui interdisent aux officiers ministériels d'agir
en conséquence d'actes sous signatures privées non
enregistrés : bien que la formalité de l'enregistrement soit gratuite, elle n'en reste pas moins obligatoire dans ce cas particulier.

Tout ce qui précède s'applique aux assurances qui
se formeront dans l'avenir. La loi devait s'occuper
aussi, d'une manière toute spéciale, des assurances en
cours d'exécution, surtout à cause des rapports de l'assureur et de l'assuré. C'est pourquoi, après avoir déclaré que les contrats en cours seront assujettis aux
mêmes taxes que les contrats futurs, mais seulement
pour le temps restant à courir, elle a le soin d'ajouter
que les assureurs auront leur recours contre les assu-
rés. Sans cette précaution, ceux-ci, se renfermant
dans les termes de leurs polices (lesquelles ne pré-
voyaient sans doute pas la création d'un impôt nou-

(1) S'il en était autrement, une police d'assurance contre
l'incendie, s'élevant à 3 francs de prime, par exemple, paye-
rait 1 fr. 92 centimes d'impôt, comme la prime de 20 francs.

veau), auraient pu se croire autorisés à refuser le remboursement de sommes qui, dans la pensée de la loi, doivent rester à leur charge.

Notre article se termine par une clause toute particulière, relative aux contrats de réassurance. Nous trouvons sur ces contrats les explications suivantes dans l'ouvrage, déjà cité, de M. Alauzer (1) : « La sol- « vabilité d'une personne pourrait également être as- « surée. Dans l'assurance de solvabilité, ce n'est pas, « à proprement parler, la solvabilité même du débi- « teur qui fait l'objet de l'assurance ; l'objet assuré, « c'est la créance, meuble incorporel sans doute, mais « vénal, la solvabilité est le risque contre lequel on « l'assure. — Ces assurances de solvabilité s'appli- « quent souvent à l'assureur avec qui le contrat a été « fait, et se réalisent au moyen d'un transport de « toutes les charges et de tous les bénéfices du premier « contrat, appelé *reprises d'assurances*. Par un contrat « particulier, l'assureur est substitué aux obligations « comme aux droits de l'assuré, moyennant un en- « gagement nouveau que celui-ci prend envers le se- « cond assureur. — L'assuré évidemment ne fait pas « ainsi assurer deux fois la même chose, et ne peut, « en cas de sinistre, recevoir une double indemnité ; « il est désintéressé par celui qui a repris l'assurance, « et celui-ci exerce les droits de son cédant contre « l'assureur primitif. — L'assureur, de son côté, « peut faire assurer par d'autres les effets qu'il a « assurés (2). — L'assureur, s'il veut s'exonérer des « risques qu'il a pris sur lui, ne pourrait résilier le « contrat sans le consentement de l'autre partie ; l'as-

---

(1) Tome 2, n° 651.
(2) Code de commerce, art. 344.

« suré, s'il craint d'avoir fait un mauvais choix, n'a
« pas de droits plus étendus et ne peut rompre la con-
« vention. Il a donc fallu que l'un et l'autre pussent
« arriver au même but, l'assuré par *l'assurance de sol-*
« *vabilité*, l'assureur en faisant *réassurer* ce qui fait
« l'objet du premier contrat. »

On comprend, dès lors, pourquoi les contrats de
réassurance ne sont pas assujettis à la nouvelle taxe.
Toutefois, cette dispense ou cette exemption n'aurait
pas lieu, si l'assurance primitive, ayant été souscrite à
l'étranger, n'avait pas été soumise à la taxe dont il
s'agit : cette restriction se comprend d'elle-même et ne
saurait donner lieu à aucune difficulté.

E. — Nous passons maintenant au mode de perception adopté. Ce mode est d'une simplicité extrême et
était tout tracé par suite des mesures prises antérieurement pour le payement de l'impôt du timbre.
En effet, aux termes de l'article 34 de la loi du 5 juin
1850, « les sociétés d'assurances mutuelles, les compa-
« gnies d'assurances à primes ou autres, sous quel-
« que dénomination que ce soit, et tous assureurs à
« primes ou autres, sont tenus de faire, au bureau de
« l'enregistrement du lieu où ils ont le siége de leur
« principal établissement, une déclaration constatant
« la nature des opérations et les noms du directeur
« de la Société ou du chef de l'établissement, le tout
« sous peine d'une amende de mille francs (1). » —
De plus, aux termes de l'article 35 de la nouvelle loi,
« les sociétés, compagnies et assureurs sont tenus
« d'avoir au siége de l'établissement un répertoire
« sommaire non sujet au timbre, mais visé, coté et

(1) Même obligation est imposée aux nouvelles entreprises
avant de commencer leurs opérations.

« paraphé, soit par un des juges du tribunal de com-
« merce, soit par le juge de paix, pour y porter, par
« ordre de numéro et dans les six mois de leur date,
« toutes les assurances faites soit directement, soit par
« leur agent, ainsi que les conventions qui prolongent
« l'assurance, augmentent la prime ou le capital as-
« suré. » — Et ce répertoire est soumis, d'une part,
au visa des receveurs de l'enregistrement, tous les
trois mois, c'est-à-dire dans les dix premiers jours de
janvier, avril, juillet, octobre, et, d'autre part, à la
communication aux préposés de l'administration,
toutes les fois qu'ils la requièrent (1). — Enfin, les sociétés, compagnies ou assureurs sont chargés de recouvrer pour le Trésor les droits de timbre, et de les
verser tous les six mois et par moitié au bureau de
l'enregistrement du lieu où se trouve le siége de l'établissement (2). — Il était donc tout naturel de pro-
fiter de cette organisation et de constituer, une fois de
plus, les sociétés, compagnies ou assureurs les auxi-
liaires du Trésor. Ainsi, ils percevront les nouveaux
droits de leurs assurés et ils les verseront selon le
mode et aux époques qui seront fixés par le règlement
d'administration publique élaboré, en ce moment, par
le conseil d'État; et, de cette manière, la perception
sera parfaitement assurée et le Trésor se trouvera naturellement dispensé de recourir à des poursuites
contre les contribuables.

Voilà pour les compagnies ou sociétés d'assurances
en général; mais que décider au sujet des notaires et
courtiers qui n'agissent que comme officiers publics
et constatent, en cette qualité, les conventions des
parties? Si l'on s'en rapporte aux expressions de

(1) Voir, pour la pénalité en cas de refus, l'art. 22 ci-après.
(2) Art. 37 de la loi du 5 juin 1850 *in fine*.

notre article 7, ils seraient tenus, comme les compagnies elles-mêmes, du montant des droits à acquitter par les assurés. C'est pourquoi, lors de la discussion de cet article, on avait demandé (1) la suppression de ces mots « ou notaires » dans la crainte que ces fonctionnaires ne restassent, par le seul fait de la rédaction des contrats, exposés à l'action de la régie pour le payement des droits annuels d'enregistrement. Cette suppression n'a pas été accordée. — Toutefois, l'interprétation de la disposition qui nous occupe a été définitivement établie par les explications suivantes du rapporteur : « Il n'est pas entré dans notre « pensée, lorsqu'il s'agit d'assurances contre l'incendie « contractées par des compagnies d'assurances, de faire « payer l'impôt par le notaire, à supposer qu'il y ait « des assurances qui se fassent par l'intermédiaire « d'un notaire. Ce qu'on a voulu faire, c'est comprendre les deux cas prévus par l'article précédent. « S'il s'agit d'une compagnie d'assurance contre l'in- « cendie, l'impôt se percevra au siége de la compa- « gnie, conformément à une procédure qui est indi- « quée par la loi elle-même. — Lorsqu'il s'agit, au « contraire, d'assurances maritimes, ces assurances se « font toujours pour une période qui n'excède « jamais une année. Or, je le demande à l'honorable « M. Ganivet, voudrait-il, dans ce cas, affranchir les « courtiers et les notaires de l'obligation de payer « l'impôt ? — Non. — C'est un principe admis en « cette matière que, lorsqu'un officier ministériel reçoit « un acte, il est responsable du droit d'enregistre- « ment vis-à-vis du Trésor. Lorsqu'un courtier au « Hâvre, ou dans une autre ville maritime, reçoit, « pour le compte d'une compagnie française ou d'une

---

(1) M. Ganivet, séance du 17 août 1871.

« compagnie étrangère, un contrat d'assurance qui
« n'aura que six mois peut-être de durée, si ce no-
« taire (ou ce courtier) n'était pas responsable, à qui
« donc le Gouvernement pourrait-il s'adresser? A
« supposer que cette explication fût nécessaire, il
« semble qu'après l'observation que je viens de pré-
« senter le sens de l'article 7 ne peut être douteux;
« je crois donc qu'il est absolument inutile de modi-
« fier cet article. — En conséquence, nous ne pouvons
« pas consentir à la suppression de la dernière partie
« de l'article, parce qu'elle est nécessaire pour assurer
« la perception de ce droit (1). » — D'après ces développements, les courtiers ou notaires ne sont donc responsables que du montant des droits dus sur les contrats d'assurances reçus par eux et ils ne peuvent
jamais être astreints, le cas échéant, à payer les
sommes annuelles, qui restent toujours à la charge des
sociétés, compagnies ou autres assureurs.

Enfin une dernière obligation est imposée aux sociétés, compagnies, courtiers et notaires, sous peine
d'une amende de dix francs pour chaque contravention, c'est d'inscrire, les premiers sur leur répertoire non sujet au timbre et les seconds sur leurs
livres (2) sujets au timbre, les contrats ou polices

---

(1) Séance du 17 août 1871.
(2) L'art. 84 du Code de commerce est ainsi conçu : « Les
agents de change et courtiers sont tenus d'avoir un livre revêtu des formes prescrites par l'art 11 (cote, parafe et
visa). Ils sont tenus de consigner dans ce livre, jour par jour,
et par ordre de dates, sans ratures, interlignes et transposi-
tions, et sans abréviations ni chiffres, toutes les conditions de
ventes, achats, assurances, négociations, et en général de
toutes les opérations faites par leur ministère. » — La tenue
de ce livre a été imposée aux notaires pour la transcription
des polices d'assurances maritimes faites par leur ministère
(Art. 45 de la loi du 5 juin 1850).

d'assurances, le montant pour chaque contrat des primes ou cotisations exigibles et la taxe payée par les assurés. — Cette mesure a surtout pour but de faciliter la vérification des employés de l'enregistrement.

F. — Restent les assurances *étrangères*. Tout ce que nous venons de dire a trait aux assurances faites en France par des compagnies, sociétés ou assureurs français et pour des biens situés en France ou des valeurs appartenant à des Français. Il était juste de mettre sur la même ligne les sociétés ou assureurs étrangers ayant un établissement ou une succursale en France et opérant dans les mêmes conditions. C'est ce que la loi nouvelle a fait. Mais sa réforme est plus complète encore, car ces sociétés ou assureurs étrangers sont, en outre, soumis aux prescriptions des lois des 5 juin 1850 et 2 juillet 1862 qui ne les frappaient point auparavant. A l'avenir par conséquent, tant au point de vue de l'enregistrement qu'au point de vue du timbre, l'assimilation la plus complète existera entre les assureurs français et les assureurs étrangers relativement aux biens et valeurs situés en France ou appartenant à des Français à la condition, toutefois, que ces assureurs étrangers aient un établissement principal ou secondaire en France. Cette mesure est tellement équitable et rationnelle qu'il y a lieu de s'étonner de ce que le législateur de 1850, dans l'intérêt des assureurs français, comme dans l'intérêt du Trésor, n'ait pas songé à l'édicter...

La loi nouvelle ne s'en est pas tenue là. Elle a voulu, en outre, atteindre, autant que possible, les contrats passés à l'étranger pour des biens ou valeurs situés en France, ou passés en France pour des biens ou valeurs situés à l'étranger. C'est l'objet des articles 8 et 9 ci-dessus transcrits.

D'après le premier de ces articles, les contrats d'assurances passés à l'étranger pour des immeubles situés en France ou pour des valeurs appartenant à des Français sont assujettis au droit de huit pour cent (et les deux décimes) sur le montant de toutes les primes stipulées, lorsqu'il s'agit d'assurances contre l'incendie, et de cinquante centimes (décimes compris) sur le montant des primes et accessoires de la prime, lorsqu'il s'agit d'assurances maritimes. — Ici encore l'assimilation est entière. — Il y a cependant cette différence, commandée par la position du Trésor vis-à-vis des assureurs résidant à l'étranger et n'ayant point en France d'établissement ou de succursale, c'est que le droit n'est dû qu'autant que la police d'assurance est rendue publique ou qu'il en est fait usage en France : c'est seulement alors, en effet, que la loi de l'impôt peut l'atteindre. En revanche, le droit est immédiatement exigible sur le nombre d'années pour lesquelles l'assurance a été contractée, contrairement à ce qui a lieu pour les assurances françaises ; et si cette publicité ou cet usage avait lieu sans l'acquittement préalable des droits, il serait dû à titre de peine un second droit qui ne pourrait être moindre de cinquante francs, non compris les décimes.

D'après l'article 9, les contrats d'assurances contre l'incendie passés en France pour des immeubles ou objets mobiliers situés à l'étranger sont assujettis au même tarif de huit pour cent, plus les décimes. Seulement, la formalité de l'enregistrement n'est obligatoire qu'autant qu'il est fait usage de la police en France, soit par acte public, soit en justice ou devant toute autre autorité constituée ; et de plus, remarquons-le bien, le droit n'est point perçu sur le montant des primes multiplié par le nombre des années inscrit dans le contrat, mais sur le montant des primes des années restant à courir au moment où l'enregistrement est requis.

En rapprochant cet article 9 de l'article 8, on est naturellement amené à se demander pourquoi la pénalité du droit en sus dont le minimum est de cinquante francs n'a pas été reproduite dans ledit article 9. — La raison en est simple. — L'article 8 s'applique aux biens situés en France et pour lesquels l'impôt est obligatoire; néanmoins, comme ces immeubles sont assurés par des compagnies étrangères qui n'ont ni établissement ni succursale en France, il est difficile de les atteindre sans se livrer à une inquisition qui n'est pas dans nos mœurs. Tout ce que le Législateur pouvait faire, c'était d'empêcher les polices de se produire, et c'est pourquoi il les frappe d'une peine considérable pour le cas où les contractants en feraient usage en France ou leur donneraient la moindre publicité. — Au contraire, l'article 9 s'applique aux biens situés à l'étranger et pour lesquels l'impôt n'est pas obligatoire : aussi les contrats ne doivent-ils subir la taxe que s'ils sont produits, soit en justice, soit devant une autorité constituée, ou s'ils sont relatés dans un acte public. D'où la conséquence que, pour les polices de la première espèce, la publicité seule ou un usage quelconque en France les rend passibles d'un droit en sus qui ne peut être inférieur à cinquante francs, lorsqu'elles n'ont point été préalablement enregistrées, et que, si un officier ministériel agissait en vertu de ces polices, il serait notamment responsable des droits simples et en sus dont nous venons de parler ; tandis que, s'il agissait en vertu d'une police de la seconde espèce, il ne serait responsable que du droit simple exigible sur le montant des années restant à courir au moment de la formalité (1).

(1) Les officiers ministériels ne doivent pas perdre de vue

Ce n'est pas, au surplus, sans un violent serrement de cœur que nous faisons observer ici que notre article 9 s'appliquera à nos malheureux frères d'Alsace et de Lorraine dont les contrats d'assurances sont presque tous souscrits en France... Se peut-il que ces provinces dévouées soient maintenant « l'étranger!!! » Nous ne le croirons jamais... et, comme l'a dit très-bien un enfant de la Lorraine, qui est en même temps un écrivain distingué (1), « il ne dépend d'aucun acte « diplomatique de changer leurs sentiments; les Alsa-« ciens et les Lorrains resteront Français de cœur jus-«qu'au dernier jour, et ils élèveront leurs enfants dans « l'amour de la France.»

Nous ferons une dernière remarque relative à l'impôt du timbre. On n'a pas oublié qu'aux termes de l'article 7 les dispositions des lois des 5 juin 1850 et 2 juillet 1862 sont applicables aux Sociétés, Compagnies ou assureurs étrangers ayant un établissement ou une succursale en France et que, par suite, leurs polices ayant pour objet des biens situés en France, ou des valeurs appartenant à des Français, sont assujetties à un abonnement annuel de 3 centimes par 1,000 francs des sommes assurées. Or, les articles 8 et 9 ne disent rien de cet impôt. Et cependant il est de règle générale que les contrats soumis aux droits d'en-

qu'un oubli ou une inadvertance de leur part à cet égard entraînerait les résultats suivants : 1º Amende de 20 francs pour contravention à la législation sur le timbre ; 2º Amende de 10 francs pour contravention à la législation sur l'enregistrement; payement du droit de timbre de la police; payement des droits simples ou des droits simples et en sus avec minimum de 50 francs établis ci-dessus.

(1) M. Alfred de Mézières. — Récits de l'invasion : Alsace et Lorraine.

registrement soient en même temps soumis aux droits
de timbre ; il est aussi de règle générale que les officiers ministériels ne peuvent relater, sous peine d'a-
mende, aucun acte qui n'ait été soumis d'abord à la
formalité du visa du receveur... Quel sera donc alors
le droit à percevoir ? — Évidemment ce ne pourra être
le droit d'abonnement qui embrasse toutes les sommes
assurées par un assureur ; évidemment ce ne sera
point le droit de trente-cinq centimes prévu par l'article 38 de la loi du 5 juin 1850, puisque ce droit n'est
dû que par ceux qui renoncent à un abonnement précédemment contracté : ce sera, par conséquent, le
droit ordinaire fixé en raison de la dimension du papier, augmenté, bien entendu, de la taxe additionnelle des deux décimes.

TROISIÈME PARTIE

ENREGISTREMENT DES BAUX A FERME OU A LOYER.

Art. 11. — Lorsqu'il n'existe pas de conventions écrites constatant une mutation de jouissance de biens immeubles, il y est suppléé par des déclarations détaillées et estimatives dans les trois mois de l'entrée en jouissance.

Si la location est faite suivant l'usage des lieux, la déclaration en contiendra la mention. Les droits d'enregistrement deviendront exigibles dans les vingt jours qui suivront l'échéance de chaque terme, et la perception en sera continuée jusqu'à ce qu'il ait été déclaré que le bail a cessé ou qu'il a été résilié (1).

En cas de déclaration insuffisante, il sera fait application des dispositions des articles 19 et 30 de la loi du 22 frimaire an VII.

La déclaration doit être faite par le preneur, ou, à son défaut, par le bailleur, ainsi qu'il est dit à l'article 14 ci-après.

Ne sont pas assujetties à la déclaration les locations verbales ne dépassant pas trois ans et dont le prix annuel n'excède pas 100 francs. Toutefois, si le même bailleur a consenti plusieurs locations verbales de cette catégorie, mais dont le prix cumulé excède 100 francs, il sera tenu d'en faire la déclaration et d'acquitter personnellement et sans recours les droits d'enregistrement.

Si le prix de la location verbale est supérieur à 100 francs sans excéder 300 francs annuellement, le bailleur sera également tenu d'en faire

(1) Le texte officiel divise ce paragraphe en deux : c'est assurément une erreur. D'abord, le texte du projet de loi était conforme à celui que nous avons adopté ; ensuite, ce même texte, accepté par la commission, a été conservé pendant toute la discussion ; enfin, la disposition finale de l'art. 14 en mentionnant les paragraphes 5 et 6 de l'art. 11 s'applique aux paragraphes du texte primitif et non à ceux du texte officiel, car autrement cette disposition n'aurait pas de sens.

la déclaration et d'acquitter les droits exigibles, sauf son recours contre le preneur, qui sera dispensé, dans ce cas, de la formalité de la déclaration.

Le droit sera exigible lors de l'enregistrement ou de la déclaration. Toutefois, si le bail est de plus de trois ans et si les parties le requièrent, le montant du droit pourra être fractionné en autant de payements égaux qu'il y aura de périodes triennales dans la durée du bail. Le payement des droits afférent à la première période sera seul acquitté lors de l'enregistrement ou de la déclaration, et celui des périodes subséquentes aura lieu dans le premier mois de l'année qui commencera chaque période.

La dernière disposition du no 2 du § 3 de l'article 69 de la loi du 22 frimaire an VII, relative aux baux de trois, six ou neuf années, est abrogée. Les dispositions du présent article ne seront exécutoires qu'à partir du 1er octobre prochain.

Plus nous avançons dans l'examen de la loi nouvelle sur l'enregistrement, plus nous sentons la grandeur et l'importance des réformes qu'elle consacre. Et, pour dire notre pensée tout entière, ces réformes n'auraient pu s'accomplir sans les circonstances inexo-

rables que nous traversons. Certes, c'est bien la première fois que l'on a prononcé et que l'on a accueilli
avec des applaudissements sincères des paroles aussi
solennelles, aussi imposantes que celles-ci : « Il faut
« qu'on sache en France qu'on est coupable quand
« on cherche à se soustraire au payement de ce
« qui est dû au Trésor public ; il faut qu'on s'habi-
« tue à ce que l'impôt soit payé par tout le monde
« d'une manière égale (1). » Ces paroles trouveront de
l'écho dans toutes les consciences honnêtes et vraiment françaises : on brisera définitivement avec les
anciens errements ; on se courbera franchement et
loyalement devant ces prescriptions qui doivent produire de si grands résultats et dans le présent et dans
l'avenir, et l'on préférera les jouissances que procure
la satisfaction du devoir accompli aux bénéfices douteux de la fraude et de la dissimulation.

Poursuivons notre étude. — « La loi du 22 frimaire
« an VII, porte l'Exposé des motifs, en assujettissant
« au droit proportionnel les mutations de jouissance
« de biens immeubles, a disposé que la mutation était
« suffisamment établie par les actes qui la feraient
« connaître ou par les payements de contributions
« imposées aux fermiers et locataires (article 13).
    « L'administration à cru pendant longtemps qu'elle
« pouvait, lorsque la location était ainsi prouvée, de-
« mander le payement du droit de bail sans être tenue
« de demander s'il existe un bail écrit. Mais, par
« une série d'arrêts successifs dont le dernier est du
« 3 décembre 1811, la cour de cassation a décidé que
« la formalité de l'enregistrement ne peut être donnée

(1) M. Mathieu Bodet, rapporteur. — Séance du 18 août
1871.

« à des conventions qui ne sont point écrites, recon-
« naissant néanmoins que si la vente verbale est as-
« sujettie à l'impôt, c'est que l'article 4 de la loi du
« 27 ventôse an IX contient à cet égard une disposi-
« tion exceptionnelle et spéciale.

« La jurisprudence étant ainsi fixée, l'administra-
« tion est obligée, pour demander le payement du
« droit, non-seulement d'établir que le bail existe,
« mais encore de prouver que ce bail a été rédigé par
« écrit. De cette jurisprudence découle encore cette
« autre conséquence, à savoir, que tous les baux an-
« noncés comme verbaux bien qu'ils soient écrits
« sont impunément soustraits aux taxes fiscales.

« Dès lors, si l'on veut sincèrement obtenir l'enre-
« gistrement des baux, il faut donner au Trésor le
« droit d'exiger la perception du droit sur les loca-
« tions verbales ; il faut faire pour les baux ce qui
« a été fait pour les ventes et les échanges par la loi
« de ventôse an IX, c'est-à-dire rendre exigibles les
« droits sur la location, toutes les fois qu'elle sera
« prouvée, sauf à suppléer à l'acte par une déclaration,
« lorsque l'on prétendra qu'il n'existe pas de conven-
« tions écrites. C'est ce que nous avons l'honneur de
« vous proposer par l'article 11 du projet.

« L'article 13 de la loi du 22 frimaire an VII, qui
« permet de prouver la location par des actes et par
« l'inscription au rôle des contributions, reprendra
« alors toute son efficacité.

« L'enregistrement des baux constituera par lui-
« même une ressource importante ; mais c'est surtout
« par l'influence qu'il exercera sur le produit des droits
« de succession, que la disposition proposée se recom-
« mande à l'attention. Il nous a paru également qu'il
« n'y avait pas lieu de redouter outre mesure les in-
« convénients qui pourront surgir de la nécessité de

« la déclaration : d'abord, parce qu'il existe un grand
« nombre de baux écrits qu'il suffira de soumettre à
« la formalité ; en second lieu, parce que l'usage du
« bail verbal tendra à disparaître du moment qu'il ne
« procurera plus l'exemption du droit d'enregistre-
« ment; et enfin parce que l'administration pourra,
« par l'intermédiaire des percepteurs et au moyen de
« formules imprimées, faciliter les déclarations et
« éviter des déplacements.

« Mentionnons que la disposition qui fait l'objet de
« l'article 11 ne s'applique pas au bail à colonage, dit
« bail à moitié fruits. Ce bail est considéré, au regard
« de la loi fiscale, comme une association, et il n'est
« passible que d'un droit fixe. »

On peut, dès maintenant, se faire une idée de la
portée de l'article que nous avons à apprécier et l'on
ne s'étonnera point de la vivacité et de l'ampleur de
la discussion à laquelle il a donné lieu. Notre intention est de reproduire cette discussion dans ce qu'elle
a de plus remarquable : il est bon que le pays tout entier sache que les innovations rigoureuses, bien que
justes, de la loi du 23 août 1871, n'ont pas été adop-
tées sans un examen scrupuleux et approfondi ; il est
bon également que chacun s'habitue à étudier ces
questions d'impôt qui, jusqu'ici, n'étaient connues que
des hommes spéciaux ; il est bon enfin que l'on se ren-
de un compte exact du travail qui a produit les réso-
lutions du Législateur.

Nous citerons d'abord le discours de M. Victor Lefranc, ministre de l'Agriculture et du Commerce, parce qu'en répondant à tous les reproches adressés à la
disposition dont il s'agit il là présente sous son véritable aspect, et surtout aussi parcequ'il proclame des
principes que nous voudrions voir adopter par tous
les gens de cœur et de dévouement.

Voici ce discours tel qu'il a été prononcé à la séance
du 18 août 1871 :

« Messieurs, il est impossible de n'être pas touché
« de l'unanimité avec laquelle tout le monde commence
« à discuter un impôt, quel qu'il soit, en déclarant
« que les malheurs de la patrie imposent à tous l'obli-
« gation de payer la dette ; mais nous sommes moins
« édifiés de l'accord persistant avec lequel ceux qui se
« croient obligés de rendre hommage à cette nécessité
« viennent successivement déclarer que le moyen pro-
« posé ne vaut rien. (Très-bien !)

« Je pose donc ce principe :

« Une dette écrasante, urgente, pèse sur nous.

« Il faut la payer tout entière, car nous avons af-
« faire à des créanciers inflexibles. Il faut la payer très-
« vite, car nos popalutions gémissent sous le poids
« d'une occupation que le payement seul de l'indem-
« nité peut faire cesser.

« Il faut donc tout faire et faire vite, sous peine de
« laisser se perpétuer le danger des impatiences du
« patriotisme en présence des exigences de l'occupa-
« tion.

« De là je tire cette double conséquence, qu'il ne
« faut pas critiquer une proposition si l'on ne propose
« pas quelque chose à la place, et, en outre, que si l'on
« propose quelque chose à la place, ce doit être quel-
« que chose qui soit tout prêt, qui soit incontestable,
« qui puisse s'appliquer immédiatement.

« Et, selon des paroles célèbres que j'ose à peine
« prononcer, parce qu'elles rappellent de trop grands
« souvenirs, car ce qui est à nos portes, c'est pire
« que la banqueroute, *c'est l'occupation étrangère*, j'ose
« dire qu'il ne faut presque pas délibérer. (Oh ! oh !)

« Oh ! Messieurs, j'aime à croire que vous me com-

7

« prenez. . . (Oui! oui! très-bien!); il y a longtemps
« que la commission du budget délibère.

« *De divers côtés.* Et nous aussi! et nous tous!

« *M. le Ministre de l'Agriculture et du Commerce.* —
« Elle ne délibère pas avec une complaisance aveu-
« glée par les pensées du Gouvernement, car elle les
« combat sur bien des points et, quand nous avons le
« bonheur d'être d'accord avec elle, et sur les nécessités
« et sur le moyen d'y parer, nous avons quelque chan-
« ce d'être dans le vrai, quand nous affirmons que la
« délibération a été assez complète pour qu'on ne
« puisse par trop la prolonger.

« Eh bien! maintenant, deux mots sur le fond du
« débat.

« Quand il faut payer une dette, quand pour payer
« on ne trouve pas les ressources nécessaires dand le
« budget ordinaire, il faut en créer d'autres.

« Quels sont les moyens d'avoir des ressources nou-
« velles? Il y en a trois: le premier, c'est d'assurer la
« perception des impôts anciens; le second, c'est d'ag-
« graver les impots existants; le troisième, c'est de créer
« des impôts nouveaux. Par l'ordre dans lequel j'ai
« énuméré ces trois moyens, j'ai indiqué l'ordre de
« préférence à donner à chacun d'eux.

« Au premier rang, il faut placer la certitude de la
« perception complète des impôts existants; car c'est
« le seul moyen d'assurer entre les citoyens l'égalité
« dans les charges qui pèsent sur eux.

« Au second rang, c'est l'aggravation des impôts
« anciens. C'est un moyen fâcheux, puisqu'on ajoute
« une charge nouvelle aux charges anciennes ; mais
« c'est un moyen moins facheux que la création d'im-
« pôts nouveaux, parce qu'il ne jette aucune perturba-
« tion dans les situations acquises.

« Ici nous ne demandons qu'une chose : c'est la per-
« ception de l'impôt établi, quel qu'il soit.

« Ici, peu importent la loi de frimaire ou de vendé-
« miaire an VII et la loi de ventôse an IX ; il faut
« voir où est la vraie et la juste répartition de l'impôt.

« Eh bien ! je le demande, aux yeux du droit, pour
« le propriétaire, aussi bien que pour le locataire,
« quelle différence y a-t-il entre un bail écrit et un bail
« verbal ?

« Aucune . . . (Interruptions sur divers bancs.) Ab-
« solument aucune. Aux yeux des personnes engagées
« dans le bail, je le répète, aucune ; c'est une question
« de confiance entre les personnes. Aux yeux de la loi,
« aucune, car le droit civil consacre au même degré le
« bail écrit et le bail verbal ; il donne à l'un et à l'autre
« les mêmes droits, la même protection (mouvements
« divers).

« Est-ce-que je dis quelque chose qui soit contesta-
« ble ?

« *Plusieurs membres.* — Vous avez raison !

« *M. le Ministre.* — Cette égalité de droit et de pro-
« tection se rattache à ce que je disais : c'est une question
« de confiance entre les contractants.

« Or, il n'y a aucune différence entre le bail verbal
« et le bail écrit, ni au regard du contractant, ni au
« regard du droit ; vous voulez qu'au regard du fisc il
« y ait une différence !

« Messieurs, l'idéal de l'impôt, c'est d'être le reflet
« exact, égal et proportionnel du droit et de la loi ci-
« vile, et le jour où le fisc sera l'application, au point
« de vue de la perception et du Trésor, de la réalité du
« droit entre les parties, il aura cessé d'être odieux,
« parce qu'il sera parvenu à être juste. (Mouvements
« en sens divers.)

« Ainsi, toutes les fois que vous aurez une Conven-
« tion et que vous croirez légitime de percevoir un
« droit pour la protection que la loi donne à l'existen-
« ce de cette convention, ne commettez pas cette énor-
« mité, si je puis parler ainsi, de demander un impôt
« plus élevé aux contrats écrits, que vous avez moins be-
« soin de protéger parce qu'ils se protégent tout seuls,
« et de ne demander aucun impôt au contrat verbal,
« qui a plus besoin de la justice et de tout l'apparei
« légal de la société pour être défendu contre les déné-
« gations de la mauvaise foi. (Très-bien!)

« Le bail écrit et le bail verbal doivent payer, et
« si le bail verbal ne doit pas payer, le bail écrit ne
« doit pas payer non plus, ou bien vous laissez un
« inégalité dans la loi.

« Vous dites : Mais il y a de petits baux. Et qu
« vous dit que les petits baux ne sont pas écrits très-
« souvent? Qui vous dit que toujours les grands
« baux soient écrits? Personne ne peut faire la dis-
« tinction du petit bail et du grand bail, par cette
« circonstance qu'il est écrit ou qu'il n'est pas écrit.

« Et maintenant qu'on ne vienne pas nous dire,
« avec une parole dont nous aimerions à reconnaître
« l'autorité, si elle n'avait pas été excessive, que
« nous dérogeons à toutes les lois de justice et de
« prudence en prenant aux citoyens leur liberté et
« leur propriété.

« Est-ce que l'impôt ne doit pas toujours prendre
« un peu de la propriété et un peu de la liberté de
« ceux qui le payent? Est-ce que le patriotisme ne
« doit pas toujours offrir un peu de sa propriété et
« un peu de sa liberté? (C'est cela. — Très-bien!
« très-bien!)

« Et quelle est la propriété que nous prenons en
« partie? Quelle est la liberté que nous prenons

« en partie? La propriété! Mais si nous lui prenons
« une partie de sa jouissance, c'est que la jouissance
« en est le signe, en est le résultat, en est l'essence
« même; la propriété et la jouissance nous les attei-
« gnons partout où, passant d'une tête à l'autre, elles
« ont besoin de la protection de la loi pour assurer
« cette mutation; rien de plus simple. Dans le bail
« écrit ou dans le bail verbal, la convention est la
« même, le droit est le même, la mutation est la
« même; les conséquences sont les mêmes, l'impôt
« doit être le même. (Approbation sur un grand nom-
« bre de bancs.)

« Que diriez-vous à celui qui ne voudrait pas payer
« son bail, parce qu'il n'est pas écrit? (Très-bien!)

« Que faut-il faire de celui qui, pour cette raison,
« n'irait pas payer l'impôt du bail? Vous condamnez
« l'un, vous atteignez l'autre.

« Et la liberté! Savez-vous la part de liberté que
« nous prenons en atteignant le bail verbal, c'est la
« liberté de la fraude et de la dissimulation, pas autre
« chose!

« *Sur plusieurs bancs* : C'est très-vrai! — Très-bien!

« *M. le Ministre* : Comment! il suffirait à un pro-
« priétaire et à un locataire de ne pas écrire un bail
« pour ne pas payer l'impôt!

« Je vais plus loin : il leur suffira, ayant écrit le
« bail, afin de pouvoir faire honte l'un à l'autre, si
« l'un des deux ose en nier l'existence, en lui mon-
« trant le papier signé de sa main; il leur suffira de
« garder cet acte secret, il leur suffira de ne pas le
« révéler à ce monstre que tout le monde attaque,
« bien qu'il soit l'instrument de notre libération, et
« qu'on appelle le fisc.

« Et je vous le demande, quel moyen avez-vous

7.

« de vous assurer qu'il y a un bail écrit? Aucun! Le
« bail écrit ou verbal, c'est une affaire de confiance
« entre les contractants.

« Savez-vous où est le remède, le tempérament aux
« impôts qui atteignent la pauvreté, le travail? Il est
« dans les décharges qu'on peut lui accorder ; il n'est
« pas dans cette inégalité entre le bail verbal et le
« bail écrit.

« Il faut en finir avec les accusations dirigées con-
« tre le fisc. Je veux dire qu'il faut chercher la cause
« et la source de ses rigueurs! Pourquoi est-il inqui-
« sitorial? pourquoi s'introduit-il dans le secret des
« transactions comme dans les secrets de l'existence?
« Pourquoi? Parce que nous ne sommes pas parvenus
« encore à établir en France cette vérité morale, qu'il
« est aussi mal de voler le fisc que de voler son voi-
« sin. (Très-bien! très-bien!)

« Pourquoi avons-nous des octrois qui nous tour-
« mentent et nous désolent? Pourquoi ces octrois
« sont-ils d'abord ruineux par les dépenses de percep-
« tion, et ensuite fâcheux par les gênes qu'ils impo-
« sent à tout ce qu'ils arrêtent au passage? C'est que
« la conscience française n'est encore pas arrivée à
« cette hauteur morale qui fait que chacun s'aperçoit
« qu'en éludant la loi il fait payer à son voisin ce
« qu'il devrait payer lui-même. (Vif assentiment.)

« Ainsi, Messieurs, au nom du pays, ne vous lais-
« sez pas arrêter à des idées qui sont séduisantes, qui
« ne sont pas pratiques. Lorsqu'on vient dire : Res-
« pectez la liberté, respectez la propriété, respectez les
« petits locataires, on a raison; mais pour cela, qu'on
« nous permette de faire payer tout le monde, et de
« veiller à ce qu'il ne dépende pas du locataire ou du
« propriétaire de s'affranchir de l'impôt, d'abord parce
« que cela les dispense, ce qui est un privilége, et en-

« suite parce que cela fait retomber les charges sur
« d'autres, ce qui est une oppression ; enfin, parce que
« cela impose au Trésor, aux agents de l'Etat, une
« perte toujours, et souvent une nécessité d'inquisition,
« de rigueur, pénible à la fois pour ceux qui l'exer-
« cent et pour ceux qui la subissent. Tandis que, s'il
« était bien convenu que tout le monde doit payer et
« payera, on arriverait peut-être à cette réalisation du
« vœu de tous, c'est-à-dire que la spontanéité de la
« déclaration vraie viendrait remplacer la spontanéité
« de la dissimulation frauduleuse, et que la diminu-
« tion de la charge et de l'inquisition résulterait de
« l'égalité et de l'exactitude de la répartition. » (Marques nombreuses d'adhésion et d'approbation.)

Malgré ses mérites de toute sorte, ce discours fut
néanmoins suivi de l'énumération réitérée des griefs
formulés contre l'article 11 ; et, bien que les efforts de
l'honorable membre qui les développa n'aient point
été appréciés par l'Assemblée, nous ne pouvons nous
dispenser de reproduire ses paroles en ce qui concerne
le côté pratique de la question, dont on ne s'était nullement préoccupé, et qui cependant mérite bien aussi
de frapper l'attention. Nous ferons suivre cet extrait
(qui intéresse surtout les Receveurs de l'Enregistrement) de la réponse de M. le ministre des finances,
et il sera facile ainsi d'apprécier convenablement cet
important débat.

« Indépendamment, disait M. Jouin, indépendam-
« ment des inconvénients si graves que signalait tout
« à l'heure M. de Laboulaye (1), a-t-on réfléchi à la
« mise en pratique de ces déclarations qu'on vient
« exiger d'un bout de la France à l'autre ? Représen-

(1) C'est notamment à cet orateur que M Victor Lefranc a
répondu.

« tez-vous ce qu'est actuellement un bureau d'enre-
« gistrement. Que fait-il? Il enregiste les actes nota-
« riés, les mutations par décès, les actes sous seing
« privé qu'on vient lui apporter. — Eh bien, dans un'
« bureau ordinaire, le bureau de Rennes, par exem-
« ple, vous avez par an six mille actes, huit mille
« peut-être, cela ne va pas à dix mille. Avec la loi
« qu'on vous propose, vous allez avoir à enregistrer,
« non plus cinq ou six mille actes, mais trente ou
« quarante mille. Le service de l'enregistrement n'y
« suffira plus, il faudra le quadrupler et quadrupler
« les dépenses. — Vous dites que vous voulez de l'ar-
« gent tout de suite; mais ce n'est pas tout de suite
« que vous aurez organisé la perception de ce droit si
« étrange, si nouveau... »

« M. Pouyer-Quertier, *Ministre des Finances* : Mes-
« sieurs, il est de ces propositions que le Gouverne-
« ment ne peut pas laisser énoncer à cette tribune
« sans venir protester contre leur esprit à l'instant
« même.

« La loi que nous vous proposons n'est pas une loi
« improvisée. Voilà trois mois que la commission du
« budget en est saisie; voilà trois mois qu'elle l'exa-
« mine presque tous les jours et qu'elle se préoccupe
« de mettre les modifications que nous vous propo-
« sons en rapport avec l'ancienne loi qui est parfaite-
« ment applicable.

« Quel est le but de l'article 11 que nous discu-
« tons? C'est celui que nous avons cherché dans tou-
« tes nos lois d'enregistrement et qui consiste à at-
« teindre les fraudes, les dissimulations. (C'est cela!
« très-bien! très-bien!)

« Oui, c'est là le but de la loi; et quand on vient
« nous dire : Le bail verbal n'est pas le même que le
« bail écrit, vous savez tous ce qu'il en est, Messieurs.

« Les baux verbaux sont pour la plupart des baux
« écrits. (Rires approbatifs.) Les baux verbaux ont
« la même force que les baux écrits ; seulement le
« fisc ne peut les atteindre que quand il se présente
« certaines circonstances qui font qu'on doit les
« produire en justice, et encore, d'après une con-
« vention intervenue entre le propriétaire et le lo-
« cataire, le bail écrit devient toujours un bail
« verbal, ce qui constitue une véritable fraude. C'est
« là ce que nous voulons atteindre; ce que nous vou-
« lons, c'est que les baux verbaux soient soumis à la
« même loi que les baux écrits, c'est-à-dire à la taxe
« de l'enregistrement.

« Il n'y a là d'autre innovation que celle d'atteindre
« la fraude et de soumettre tous les baux au-dessus
« de 300 francs à une législation spéciale. Et l'appli-
« tion est parfaitement facile. Il ne faudra pas pour
« cela augmenter dans une proportion considérable les
« employés de l'enregistrement (1).

« Cette loi, quoi qu'on en dise, n'est pas un atten-
« tat à la propriété parce qu'elle la frappe d'une taxe,
« car alors toutes les lois d'impôts seraient des atten-
« tats à la propriété. Et, en échange, que vous donne
« l'État? Il vous donne la protection pour vos biens
« et vos familles, ce qui est le droit de chaque citoyen
« et le devoir du Gouvernement.

« Du reste, nous ne demandons rien que ce qui est
« juste, nous n'augmentons pas les droits d'enregis-
« trement; ils restent ce qu'ils étaient, et la commis-

(1) Nous ne saurions partager la manière de voir de M. le
Ministre des finances. Si la loi est exécutée d'une manière
satisfaisante, il faudra nécessairement augmenter le person-
nel de l'enregistrement dans un grand nombre de centres de
population.

« sion du budget a parfaitement compris la portée de
« la modification.

« Je prie l'Assemblée de bien réfléchir sur notre
« proposition. Elle a été profondément étudiée. Ce
« n'est pas du tout une mesure vexatoire, comme on
« a voulu le faire croire, c'est une mesure juste et équi-
« table. Elle tend à mettre sur le même niveau les
« baux verbaux et les beaux écrits qui se dissimulent
« avec les beaux écrits qui se font enregistrer régu-
« lièrement.

« Maintenant, dans l'application, nous avons pris
« tous les tempéraments possibles; nous avons adouci
« la perception de l'impôt. On devait cumuler les
« droits pendant toute la durée du bail. Mais la com-
« mission du budget, par une sage et prudente modi-
« fication, a décidé qu'on ne percevrait le droit que
« par période triennale, sauf, bien entendu, pour le
« dernier terme, qui pourrait ne comprendre qu'une
« durée moindre de trois ans.

« On a donc facilité la perception autant que possi-
« ble; mais l'impôt devra être exigé dans toute sa ri-
« gueur, parce que, si vous ne faites pas exécuter les
« lois de ce genre, jamais vous n'arriverez à vous li-
« quider des charges qui pèsent sur vous et qui sont
« vraiment considérables.

« Messieurs, si nous voulions chercher la popula-
« rité, ce n'est pas le rôle de ministre des finances
« qu'il faudrait prendre dans une pareille circons-
« tance. (Vives marques d'approbation.) Il est facile
« de venir ici critiquer tous les impôts les uns après
« les autres, sans se préoccuper de les remplacer par
« d'autres meilleurs et d'une perception plus facile.
« Mais, je le répète, nous n'innovons rien et nous
« vous demandons l'exécution de la loi. Il y a une
« taxe qui est due et dont on s'affranchit par la dissi-

« mulation. Nous vous demandons de nous aider à
« empêcher cette fraude. Et en cela nous ne faisons
« que remplir notre devoir, et nous le remplirons
« jusqu'au bout, afin de libérer le pays le plus rapi-
« dement possible, en ne réclamant de lui que les sa-
« crifices qu'il est juste de lui demander (1). » (Très-
« bien ! très-bien ! — Aux voix ! aux voix !)

C'est sous l'impression produite par ces paroles que
les quatre premiers paragraphes de l'article 11 ont été
adoptés. Il nous sera possible, maintenant que nous
connaissons l'idée fondamentale de cet article, d'en
présenter l'interprétation.

A. — Et d'abord, ainsi qu'on l'a vu, l'assimilation
entre le bail verbal et le bail écrit est on ne peut plus
complète, et l'article 13 de la loi du 22 frimaire an VII
(cité dans l'exposé des motifs) a recouvré toute son
efficacité. Donc, lorsque le bail est écrit, il doit être
soumis à la formalité de l'enregistrement dans les délais ordinaires, c'est-à-dire dix ou quinze jours pour
les actes notariés (2), et trois mois pour les actes sous
signatures privées (3). Au contraire, lorsque le bail est
verbal, il doit être fait, dans les trois mois de l'entrée
en jouissance, une déclaration (par le preneur ou, à
son défaut, par le bailleur), indiquant avec les détails
nécessaires les immeubles loués ou affermés, le montant des fermages ainsi que de toutes les charges imposées au preneur, et le temps pour lequel le bail a été
consenti (4). Cette déclaration, du reste, est absolu-

(1) Séance du 18 août 1871.
(2) Art 20 de la loi du 22 frimaire an VII.
(3) Art. 20 de la loi du 22 frimaire an VII.
(4) Au surplus, l'administration réglementera la forme de
a déclaration.

ment identique à celle prescrite par l'article 4 de la loi du 27 ventôse an IX, ainsi conçu : « Sont soumises « aux dispositions des articles 22 et 38 de la loi du « 22 frimaire an VII les mutations entre vifs de pro- « priété ou d'usufruit de biens immeubles, lors même « que les nouveaux possesseurs prétendraient qu'il « n'existe pas de conventions écrites entre eux et les « précédents propriétaires ou usufruitiers. — A défaut « d'actes, il y sera suppléé par des déclartions détail- « lées et estimatives, dans les trois mois de l'entrée « en possession, à peine d'un droit en sus. »

Notre article ne dit pas dans quel bureau d'enre-gistrement la déclaration dont il s'agit doit être faite. Il eût été bon peut-être de désigner le bureau de la situation des biens loués ou affermés, puisque cette déclaration est plus particulièrement imposée au lo-cataire ou au fermier. Toutefois, comme le bailleur en est également tenu, à défaut de ce dernier, on a voulu lui laisser toute latitude à cet égard. Dès lors, de même que les actes sous seing privé peuvent être enregis-trés dans tous les bureaux indistinctement (1), de même que les mutations verbales d'immeubles peu-vent être déclarées dans tous les bureaux indistincte-ment (2), de même aussi les déclarations de locations peuvent être faites dans tous les bureaux indistincte-ment : aucun doute ne saurait surgir à cet égard.

Il est superflu d'ajouter que la déclaration peut être faite par un fondé de pouvoir spécial, et nous esti-mons que, par analogie avec ce qui se passe en ma-tière de déclaration de succession, la procuration doit être simplement rédigée sur papier timbré et n'est

_____

(1) Art. 26 de la loi du 22 frimaire an VII.
(2) Art. 4 de la loi du 27 ventôse an IX ci-dessus.

point sujette à la formalité de l'enregistrement. — Du reste, l'exposé des motifs nous apprend que « l'admi-« nistration pourra, par l'intermédiaire des percep-« teurs, etc., au moyen de formules imprimées, faci-« liter les déclarations et éviter des déplacements. » — Il est certain que des mesures seront prises pour arriver le plus facilement possible au but que le Gouvernement désire atteindre, et nous supposons notamment que l'on obviera aux inconvénients devant résulter du défaut de signature des personnes illettrées (lesquelles, malheureusement, sont encore trop nombreuses parmi les cultivateurs). Ces inconvénients sont de deux sortes : d'une part, avec la faculté du fractionnement du droit de vingt-quatre centimes par cent francs, des difficultés ultérieures pourraient surgir, et il ne faudrait pas que l'auteur d'une déclaration non signée pût en contester, plus tard, le contenu; d'autre part, le montant annuel de la location devant servir de base aux droits de succession, on serait évidemment fondé à repousser toute déclaration qui, à défaut de signature, ne présenterait point un caractère d'authenticité suffisant (1). — Nous croyons donc devoir appeler l'attention des receveurs sur ce point, dans le cas où leurs instructions ne l'auraient point scrupuleusement déterminé; ils ne sauraient prendre trop de précautions pour dégager leur responsabilité à cet égard.

Mais il est une autre question que le législateur ne

(1) La déclaration reçue par un percepteur ou un receveur, et non signée par la partie, ne pourrait jamais être assimilée à une déclaration reçue par un notaire ou un magistrat de l'ordre administratif : elle constituerait sans doute une présomption grave, mais elle ne ferait point preuve par elle-même.

8

paraît point avoir soupçonnée et qu'il convient de discuter sérieusement. La voici :

Aux termes de l'article 15, §§ 7 et 8 de la loi du 22 frimaire an VII, les transmissions de propriété entre vifs à titre gratuit et celles qui s'effectuent par décès sont évaluées à vingt fois le produit des biens ou le prix *des baux courants,* sans distraction des charges, et les transmissions semblables d'usufruit à dix fois le produit des biens ou le prix *des baux courants,* aussi sans distraction des charges. Assurément, la loi ne fait aucune distinction entre les baux écrits et les baux verbaux, et en édictant notre article 11, on a eu surtout en vue, nous le savons, d'obtenir une base réelle pour la perception des droits de transmission entre vifs à titre gratuit ou par décès. Or notre article 11 porte expressément que la déclaration à faire des locations verbales incombe aux *preneurs,* ou, à leur défaut, aux *bailleurs;* de sorte que, si un fermier ou un locataire satisfait à son obligation, en l'absence du propriétaire, on est en droit de se demander si cette déclaration *unilatérale* pourra être opposée, soit au propriétaire lui-même, en cas de donation des biens affermés, soit à ses héritiers après son décès; ou bien, en d'autres termes, si l'administration pourra exiger comme revenu des immeubles ainsi transmis le montant des fermages ou loyers annuels portés dans une telle déclaration. — La négative ne saurait être douteuse. — En effet, quand un bail est *écrit,* toutes les conventions qui y sont contenues sont communes au bailleur et au preneur : c'est un titre contre l'un et contre l'autre, aussi bien qu'un titre pour l'un et pour l'autre. Mais quand un bail est *verbal* et qu'il n'est révélé que par l'une des parties, il est absolument impossible qu'il engage l'autre, surtout lorsque la révélation n'a été faite qu'en vertu d'une disposition spéciale d'une loi spéciale. — Pierre déclare qu'il a affermé ma propriété pour 3,000 francs par an, et il acquitte de droit minime de 0,20 centimes par cent francs sur ce chiffre : en quoi cette opération peut-elle me toucher?... Est-ce que je n'aurai pas toujours la faculté de réclamer à Pierre des fermages supérieurs à 3,000 francs, si mon bail est réellement plus élevé? Est-ce que l'administration de l'enregistrement n'aura pas toujours la faculté de prendre pour base d'évaluation de ma propriété ces mêmes fermages supérieurs à 3,000 francs, aussitôt qu'elle en aura connaissance? Par conséquent, en sens inverse, elle ne saurait être fondée à m'imposer ce même chiffre de 3,000 francs que je conteste et que je considère comme exagéré. — On dira, sans doute, qu'un fermier ou un locataire n'ira pas, dans le but de payer un impôt plus élevé, augmenter sciemment son prix de fermage ou de location... Cependant, si l'on réfléchit au peu d'importance de cet impôt, on ne peut méconnaître qu'il n'y a rien d'extraordinaire à supposer que la déclaration dont il s'agit a pu fort bien être dictée par le désir de nuire, un jour ou l'autre, au propriétaire de l'immeuble. Peu importent, au surplus, les motifs qui détermineraient ce fermier ou ce locataire à faire une déclaration erronée et préjudiciable : il est manifeste que pour le propriétaire ce serait *Res inter alios acta*, et, par suite, non obligatoire ni pour lui ni pour les siens. — Donc, en définitive, tout ce qui résultera des déclarations de locations verbales passées par les *preneurs sans le concours des bailleurs*, ce sera une présomption plus ou moins grave servant à établir le revenu des biens; mais il n'en résultera jamais une *preuve* de ce revenu, et il sera toujours permis au propriétaire ou à ses héritiers d'en indiquer un autre au moment de la transmission de ces biens entre vifs à titre gratuit ou par décès.

B. — Après la déclaration vient le payement des droits. Ce payement fait l'objet de deux dispositions dont le rapprochement nous semble devoir donner lieu à quelque difficulté.

Faisons remarquer, avant tout, que le projet ne se composait que des trois premiers paragraphes de notre article 11. Or, après avoir parlé des déclarations à faire, soit pour les locations verbales consenties avec des termes précis, soit pour les locations verbales consenties suivant l'usage des lieux, il portait : « Les « droits d'enregistrement deviendront exigibles dans « *les vingt jours qui suivront l'échéance de chaque terme,* « et la perception en sera continuée jusqu'à ce qu'il « ait été déclaré que le bail a cessé ou qu'il a été ré- « silié. » — Quelle pouvait être l'interprétation de cette disposition ? La plus simple devait être celle-ci : Bien que les déclarations aient été faites dans les trois mois de l'entrée en jouissance, selon le vœu de la loi, les droits ne sont dus cependant que dans les vingt jours de l'échéance de chaque terme. Néanmoins, cette interprétation n'eût point été exacte. Quand on observe, en effet, que la phrase ci-dessus transcrite vient immédiatement après celle-ci : « Si la location « est faite suivant l'usage des lieux... » et forme avec elle le second paragraphe, on est amené à conclure que la règle précitée devait être restreinte à ces locations faites suivant l'usage des lieux, et que, pour toutes les autres, les droits devaient être perçus au moment même des déclarations, conformément à l'article 4 de la loi du 27 ventôse an IX (1).

(1) Rien de plus simple, quand les déclarations sont faites

Mais voici que la Commission, sans se préoccuper du second paragraphe dont il s'agit, pose, ou plutôt juxtapose une règle générale ainsi conçue : « Le « droit sera exigible lors de *l'enregistrement* ou de la « *déclaration*. Toutefois, si le bail est de plus de trois « ans, et si les parties le requièrent, le montant du « droit pourra être fractionné en autant de payements « égaux qu'il y aura de périodes triennales dans la « durée du bail. Le payement des droits afférents à la « première période sera seul acquitté, lors de l'enregis- « trement ou de la déclaration, et celui des périodes « subséquentes aura lieu dans les premiers mois de « l'année qui commencera chaque période. » — Ainsi, quoique notre article 11 n'ait en vue que les loca- tions verbales et qu'il commence par ces mots : « lorsqu'il n'existe pas de conventions écrites, » un nouveau principe est formulé au sujet des baux écrits. Ces baux supporteront les droits au moment de l'en- registrement des actes (sauf la faculté du fractionne- ment s'ils ont une durée de plus de trois ans); de même les baux verbaux supporteront les droits au moment de la déclaration (sauf également la faculté du fractionnement); et dans le cas d'exercice de cette fa- culté, les perceptions subséquentes auront lieu dans le premier mois de l'année qui commencera chaque pé- riode. — On le voit, cette seconde règle ne ressemble en rien à la première, et ce n'était pas sans raison qu'on avait demandé le remaniement de cet article,

aux receveurs d'enregistrement : pour celles reçues par les percepteurs, il n'en est plus de même, quoique ces comptables soient parfaitement en état de percevoir les droits immédia- tement, sauf à en tenir compte à l'administration par un moyen quelconque.

8.

dont les dispositions, votées séparément, « étaient assez mal coordonnées.» (1).

Il y a plus, en examinant la place que cette seconde règle occupe, on serait tenté de croire qu'elle ne s'applique qu'au paragraphe relatif aux locations de 100 francs à 350 francs. Toutefois, le doute n'est pas permis en présence des explications du Rapporteur de la Commission répondant à M. Tallon, auteur d'un amendement vivement discuté.

« Maintenant, dit-il, restent deux autres disposi-
« tions. D'abord, pour les baux écrits d'un prix su-
« périeur à 2,000 francs, l'amendement dit que les
« droits seront perçus par périodes triennales dans le
« premier mois de chaque période nouvelle. Cette
« disposition est à peu près la reproduction d'un des
« paragraphes de l'article 11; elle en diffère seulement
« en un point : nous, nous avons donné seulement
« la faculté aux fermiers de payer par période de trois
« ans. Ainsi, supposons un bail de six ans pour un
« chiffre de 2,000 francs par an — car il s'agit des
« baux de cette catégorie-là, — le droit de bail étant
« à 20 centimes par cent, c'est 4 francs par an. Par
« conséquent, 4 francs par an, pour trois ans, c'est
« 12 francs; et pour six ans, c'est 24 francs. Eh bien !
« nous avons dit : le fermier qui doit 24 francs aura
« la faculté, s'il le désire, de payer en deux fois; mais
« il peut payer en une fois : c'est une faculté, je le
« répète, que nous lui laissons. L'amendement diffère
« seulement du paragraphe de l'article en discussion,
« en ce qu'il fait une obligation de payer en deux fois.
« Cet amendement peut donc avoir pour conséquence

(1) Voir la discussion entamée à ce sujet entre M. Vente et M. le Président de l'Assemblée. — Séance du 18 août 1871.

« d'imposer aux parties l'obligation d'un double déran-
« gement, tandis que nous, nous n'avons entendu
« établir qu'une simple faculté. » (1)

Quoiqu'il en soit de l'incohérence de ces différentes
parties de notre article, le payement des droits s'effectuera de la manière suivante : au moment de l'enregistrement des actes, s'il s'agit de baux écrits; au
moment de la réception par les Receveurs d'enregistrement (2) des déclarations des parties, s'il s'agit de
locations verbales (sauf la faculté du fractionnement);
et dans les vingt jours qui suivront l'échéance de
chaque terme, lorsqu'il s'agira de locations faites suivant l'usage des lieux. Tout autre mode ne serait ni
pratique ni rationnel.

N'oublions pas, d'ailleurs, que dans les baux écrits
ou verbaux faits pour trois, six ou neuf années, la
perception immédiate ne peut plus porter que sur
trois années; le n° 2, § 3, de l'article 69 de la loi du
22 frimaire an VII disait, au contraire : « seront con-
« sidérés, pour la liquidation et le payement du droit,
« comme baux de neuf années, ceux faits pour trois,
« six ou neuf ans. »

Enfin, pour compléter et sanctionner son œuvre, le
Législateur prononce une peine et accorde à l'Administration de l'Enregistrement la faculté de requérir
l'expertise, conformément aux articles 19 et 39 de la
loi du 22 frimaire an VII, ainsi conçu :

a. — « Il y aura également lieu à requérir l'expertise
« des revenus des immeubles transmis en propriété ou
« usufruit à tout autre titre qu'à titre onéreux, lorsque

(1) Séance du 18 août 1871.
(2) Ou par les percepteurs, si ces agents sont chargés de
cette opération.

« l'insuffisance d'évaluation ne pourra être établie par
« actes qui puissent faire connaître le véritable revenu
« des biens.

b. — « La peine pour les omissions qui seront re-
« connues avoir été faites dans les déclarations sera
« d'un droit en sus de celui qui se trouvera dû pour
« les objets omis ; il en sera de même pour les insuf-
« fisances constatées dans les estimations des biens
« déclarés. — Si l'insuffisance est établie par un rap-
« port d'expert, les contrevenants payeront, en outre,
« les frais de l'expertise. »

Donc, la déclaration insuffisante d'une location verbale (1) est punie d'un droit égal au droit exigible et
non perçu ; nous insistons sur ce point, afin qu'on ne
confonde pas cette pénalité avec celle édictée par l'article 14 ci-après pour le défaut de déclaration dans les
trois mois de l'entrée en jouissance.

Tels sont les principes actuels de la législation fiscale sur les baux des biens immeubles. Il ne vous reste
plus qu'à examiner les exceptions admises en faveur
de certaines locations verbales. Toutefois, nous ferons
précéder cet examen de la question des appartements
meublés donnés à loyer, question de nature à intéresser un grand nombre de personnes et longuement discutée à l'Assemblée nationale.

C. — M. Bienvenüe avait déposé un amendement
tendant notamment à exempter de la déclaration (et

---

(1) L'art. 2 ne s'appliquant point aux baux *écrits*, l'insuffisance contenue dans un acte de cette nature ne peut être établie par l'expertise ; et si elle l'était de toute autre manière,
le droit en sus ne serait point encouru, attendu que la législation de l'enregistrement est muette à cet égard.

conséquemment du paiement des droits) les locations
verbales d'appartements meublés pour une durée
n'excédant pas trois mois; M. Mathieu-Bodet, rapporteur, s'empressa de répondre ainsi : « Messieurs, l'a-
« mendement qui vous est en ce moment soumis se
« compose de deux dispositions.

« La première, la seule, je crois, sur laquelle j'ai
« besoin de donner quelques explications, est ainsi
« conçue : Ne sont pas soumises à la déclaration : 1° les
« locations verbales d'appartements meublés pour une
« durée n'excédant pas trois mois.

« Il est évident que le projet de loi qui vous est pro-
« posé ne s'applique pas au cas dont il s'agit. J'avais
« pensé que l'Assemblée l'avait vu immédiatement.

« En effet, de quoi s'agit-il dans la loi qui vous est
« proposée ? Il s'agit uniquement du droit d'enregis-
« trement sur les mutations de jouissance d'immeu-
« bles. Or, lorsqu'il s'agit de la location d'un appar-
« tement meublé, il y a bien, à la vérité, mutation de
« jouissance de l'immeuble, mais ce n'est là qu'une
« partie de ce qui constitue l'objet de la location et
« peut-être la moins importante ; il y a, en outre, la
« jouissance du mobilier qui garnit l'appartement ; il
« y a l'industrie du locataire.

« Eh bien ! il est évident, d'après cela, que le projet
« de loi, qui ne s'applique qu'aux mutations de jouis-
« sances d'immeubles exclusivement, ne peut pas re-
« cevoir d'application aux baux d'appartements meu-
« blés.

« Puisqu'on a cru que l'explication était nécessaire,
« je m'empresse de la donner. (Très-bien ! très-
« bien !) (1) »

(1) Séance du 18 août 1871.

Malgré ces applaudissements, l'amendement de
M. Bienvenüe fut renvoyé à la Commission, et, dans
la séance du 21 août, M. le Rapporteur donna de nouvelles explications, moins *généreuses* (1) que les précédentes. — « Je l'ai déjà dit vendredi dernier, la loi
« qui vous est soumise ne s'applique pas aux appar-
« tements meublés dont il s'agit. Et voici pourquoi :
« les personnes qui occupent des appartements meu-
« blés ne sont pas considérées, au regard de la loi
« fiscale, comme des locataires. Et, en effet, elles ne
« payent pas de cote mobilière, ni l'impôt des portes
« et fenêtres. La personne qui est considérée comme
« ayant toujours la jouissance de ces appartements,
« c'est le logeur, c'est celui qui loue en garni; en sorte
« que, si un propriétaire veut meubler sa maison et
« louer tous ses appartements en garni, il est consi-
« déré comme un logeur.

« C'est lui qui conserve la jouissance de la maison ;
« c'est lui qui paye l'impôt mobilier, l'impôt des portes
« et fenêtres; par conséquent, il n'y a pas à payer de
« droit de bail. C'est exactement le cas d'un proprié-
« taire qui exploiterait lui-même sa ferme. Dans ce
« cas là, il n'y a pas de mutation de jouissance, et,
« par conséquent, il n'y a pas lieu à percevoir les
« 20 centimes pour cent sur le montant du prix payé
« par les personnes qui occupent ces appartements.

« Ce que j'ai dit, c'est du moins ce qui a lieu géné-
« ralement.

---

(1) M. Bienvenüe avait dit : « En ce qui concerne les locations
verbales d'appartements meublés, je dois remercier M. le
Rapporteur *de sa générosité*... Il accorde beaucoup plus que
je ne demandais. Pour mon compte, j'admets parfaitement
que si un propriétaire loue un appartement meublé pour
un an, deux ans, six ans, neuf ans, le locataire soit tenu de
payer l'impôt... »

« Il peut arriver qu'une location en garni constitue
« un véritable bail et donne ouverture au droit pro-
« portionnel d'enregistrement. Ainsi, par exemple, un
« propriétaire meuble sa maison, la loue en totalité
« ou en partie à quelqu'un qui vient l'habiter lui-
« même ou l'exploiter comme logeur; dans ce cas, le
« preneur est un véritable locataire, il paye l'impôt
« des portes et fenêtres, il sera tenu de payer l'impôt
« des 20 centimes pour cent dont nous nous occupons
« en ce moment : cela me paraît incontestable, cepen-
« dant j'ai besoin d'ajouter quelques explications.
  « Quel est le droit qui est dû ?
  « Si c'est un bail écrit, le droit est exigible sur la
« totalité du prix. Pourquoi ? Parce que le droit de
« bail, d'après la loi de frimaire an VII, est de 20 cen-
« times pour cent, qu'il s'agisse du bail d'une pro-
« priété immobilière, qu'il s'agisse du bail d'objets
« mobiliers; par conséquent, il suffit que le bail écrit
« soit présenté à la formalité de l'enregistrement pour
« qu'on perçoive le droit de 20 centimes pour 100 sur
« la totalité du prix; mais supposez que le bail soit
« verbal: dans ce cas là le droit est perçu sur la dé-
« claration estimative. Or la déclaration ne concerne
« que les locations d'immeubles, les mutations de
« jouissance des biens immeubles. Par conséquent,
« le locataire, dans ce cas là, fera sa déclaration sur
« le prix qui est afférent à la valeur de l'immeuble et
« non pas sur le prix afférent à la location des objets
« mobiliers, et cela est parfaitement légal, il n'a pas
« besoin de s'en cacher. Il pourra dire au Receveur
« d'enregistrement: J'ai loué ma maison 10,000 francs,
« mais j'estime que 5,000 francs sont afférents à la lo-
« cation du mobilier et 5,000 francs seulement afférents
« à l'immeuble. Je fais ma déclaration pour 5,000 fr.
« Voilà des solutions qui sont incontestables.

« *Un membre*. — Il faut le dire dans la loi.

« *M. le Rapporteur*. — Faut-il le dire dans la loi,
comme le fait remarquer un de nos honorables col-
« lègues ? Non, il n'est pas possible de mettre dans une
« loi tous les cas et de prévoir toutes les solutions. Il
« suffit de mettre dans la loi les principes qui servent
« à la solution de toutes les difficultés. Ainsi donc je
« considère que cette insertion dans la loi serait abso-
« lument inutile. Voilà, Messieurs, les explications
« que j'avais à donner sur l'amendement de l'hono-
« rable M. Bienvenüe.

« Tout se réduit à cette question : celui qui occupe
« un appartement garni est-il ou n'est-il pas locataire ?
« *S'il ne paye pas les impôts mobiliers et des portes et*
« *fenêtres*, il n'est pas considéré comme un locataire ;
« c'est le logeur qui continue à avoir la jouissance.

« L'article 11 ne recevra son application que dans
« les conditions que je viens d'indiquer.

« Je crois, Messieurs, que ces explications, consignées
« dans le Journal officiel, seront suffisantes pour donner
« à l'article 11 l'indication de sa véritable portée et
« de son véritable sens. »

L'amendement de M. Bienvenüe ayant été rejeté, il
n'y a plus de distinctions à établir, en ce qui concerne
les locations verbales d'appartements meublés, entre
le montant du loyer et la durée du bail. Mais il faudra restreindre l'application de l'article 11 au cas prévu
par le Rapporteur de la Commission et adopté par l'Assemblée, c'est-à-dire au cas où le locataire *paye les*
impôts mobiliers et des portes et fenêtres ; et encore, dans
ce cas, il y aura lieu à faire une ventilation du prix
du loyer, afin de ne soumettre à la perception du droit
que la *part afférente à l'immeuble lui-même*.

D. — Passons maintenant aux deux exceptions formellement inscrites dans la loi. La première est absolue; la seconde est relative. La première s'applique aux locations verbales d'immeubles ne dépassant pas trois ans et consenties pour un prix annuel de cent francs et au-dessous. Ainsi deux conditions sont indispensables pour qu'on soit affranchi de la nécessité de la déclaration et du payement des droits : un prix annuel non supérieur à 100 francs et une durée non au delà de trois ans; de sorte qu'un bail fait pour quatre ans et pour vingt francs par an serait assujetti à la déclaration et au droit de 20 centimes par cent. — On a dit que cette dérogation au principe général avait été admise dans le but unique d'éviter des difficultés pratiques (1). Nous aurions préféré que la Commission s'inspirât de motifs plus relevés et qu'elle songeât à frapper le moins possible nos populations rurales, nos ouvriers agricoles, qui sont le plus particulièrement atteints par la nouvelle mesure fiscale que nous étudions en ce moment. Elle aurait porté alors le minimum du prix annuel du bail à 300 francs, comme le Gouvernement le désirait d'ailleurs (2), et elle aurait bien mieux obtenu le résultat *pratique* qu'elle s'est proposé. — Mais, au moins, puisqu'elle tenait à conserver le chiffre de 100 francs, ne pouvait-elle pas se

---

(1) « Cependant et uniquement pour éviter des difficultés pratiques...... » — M. le Rapporteur. — Séance du 18 août 1871.

(2) M. le Ministre des finances a dit positivement, dans son discours du 18 août, reproduit plus haut : « Il n'y a là d'autre innovation que celle d'atteindre la fraude et de soumettre tous les baux *au-des us de* 300 *francs* à une législation spéciale. » — Un grand nombre de députés croyaient ce chiffre adopté ; mais un membre a fait cette observation : « Non, c'est le Ministre qui propose cela. » (Voy. le discours de M. Bienvenüe. séance du 18 août.)

9

dispenser de limiter la durée du bail à trois ans? Qu'un bail de 20, 50, 60 francs soit fait pour 6 ans ou 12 ans, n'est-ce pas la même chose (au point de vue où nous sommes placés), n'est-ce pas la même chose qu'un bail de 20, 50, 60 francs fait pour trois ans seulement? Assurément, au moyen d'un sacrifice insignifiant, on aurait évité ces difficultés pratiques dont on ne s'est pas fait une idée assez exacte, on aurait évité surtout des déplacements et des embarras de toute sorte à des contribuables cependant si dignes de la bienveillance de l'Etat.

Au surplus, cette première exception reçoit elle-même une exception dans le cas où le bailleur consent plusieurs locations verbales de trois ans ou moins de trois ans et inférieures à cent francs chacune, mais *ensemble* supérieures à ce chiffre. On a voulu atteindre ainsi un mode particulier d'exploitation d'après lequel les propriétaires louent leurs fermes en détail, par petites parcelles, « à l'écorché. » De cette manière, un propriétaire retire de sa ferme un prix beaucoup plus élevé que s'il la louait en bloc, et il était parfaitement équitable de le replacer sous l'empire du droit commun, et même de l'obliger, comme on l'a fait, à acquitter l'impôt, *sans recours* contre ses nombreux locataires.

La seconde exception ne porte que sur la déclaration et s'applique aux locations verbales de 100 francs à 300. Pour ces sortes de locations, le *preneur* est dispensé de la formalité de cette déclaration; c'est au *bailleur* qu'elle incombe et c'est lui aussi qui doit acquitter l'impôt, *sauf son recours* contre le preneur. — Cette disposition est bonne, très=bonne, et nous n'hésitons pas à dire qu'elle aurait dû être généralisée. En présence du chiffre si peu élevé du droit à 20 centimes (surtout avec la faculté du fractionnement), de quelle importance, nous le demandons, eût été l'avance faite par le propriétaire à son fermier ou à son locataire? (1). Au moins l'administration n'ayant affaire ainsi qu'au propriétaire aurait eu, sans contestation possible, les bases certaines de la perception des droits de mutation entre vifs à titre gratuit ou par décès, qu'on a voulu lui assurer, et l'on aurait évité tous les désagréments que la pratique fera bientôt ressortir... Et, encore une fois, puisque cette mesure si simple est admise pour les baux de 100 francs à 300 francs, pourquoi donc l'a-t-on rejetée pour les baux supérieurs? Pourquoi donc toujours ces divisions, ces subdivisions, ces complications dont le seul effet est de tout embrouiller, de tout entraver?

E. — En résumé, d'après notre article 11,

1° Les locations verbales d'immeubles sont, au regard de la loi fiscale, sur la même ligne que les locations écrites ; — il en est de même des locations verbales d'appartements meublés, quand les locataires *paient les impôts mobiliers* et des *portes et fenêtres*; (2)

2° Pour arriver à la perception du droit de 20 centimes, la loi a assujetti ces locations verbales à la formalité d'une déclaration;

3° Cette déclaration doit être faite dans les trois mois de l'entrée en jouissance ;

4° Cette déclaration doit-être faite par le *preneur*, ou, à son défaut, par le *bailleur*, pour toutes les locations dont le prix annuel dépasse 300 francs; — Si ce prix est de 100 francs exclusivement à 300 francs inclu-

____

(1) Dans presque tous les cas, le propriétaire aurait pu facilement se faire verser le montant de cette avance au moment même de l'engagement du fermier ou locataire.

(2) Sauf la ventilation du prix, d'après ce qui a été expliqué.

sivement, doit être faite par le bailleur lui-même; — si ce prix ne dépasse pas 100 francs (avec une durée de trois ans et au-dessous), aucune déclaration n'est à faire, à moins que le même propriétaire ait consenti plusieurs locations dont les prix réunis dépassent 100 francs, auquel cas il est tenu de se conformer à la prescription dont il s'agit;

5° Le droit de 20 centimes par cent doit être acquitté par le *preneur* pour les locations au-dessus de 300 francs; — il doit être acquitté par le propriétaire (sauf son recours), pour les locations de 100 francs à 300 francs; — il doit être également acquitté par le propriétaire, sans aucun recours, dans le cas de plusieurs locations au-dessous de 100 francs, mais dépassant cette somme toutes ensemble;

6° La perception a lieu au moment de la déclaration, sauf la faculté du fractionnement des droits par périodes triennales; toutefois, s'il s'agit de locations faites suivant l'usage des lieux, la perception n'a lieu que dans les vingt jours qui suivent l'échéance de chaque terme jusqu'à cessation ou résiliation du bail;

7° La faculté du fractionnement des droits par périodes triennales est commune aux baux écrits;

8° Cette faculté s'applique aux baux écrits ou verbaux antérieurs à la loi du 23 août 1871, le texte et l'esprit de la loi s'accordant pour considérer les baux anciens comme des baux nouveaux passés depuis sa promulgation (1);

(1) Ainsi le prouvent : l'abrogation générale et absolue du n° 2 du § 3 de l'art. 69 de la loi du 22 frimaire an VII, la fixation uniforme de la date du 1er octobre 1871, pour la déclaration, le délai de faveur accordé pour l'enregistrement des baux passibles du droit en sus et surtout la dispense du droit pour les années échues.

9° Lorsqu'un bail, écrit ou verbal, (1) est fait pour trois, six ou neuf années, le droit n'est perçu que sur la première période, sauf perceptions ultérieures en cas de non-cessation ou de non-résiliation du bail;

10° Le droit sur les locations *verbales* d'appartements meublés ne porte que sur la partie du prix afférente à l'immeuble;

11° Les insuffisances dans les déclarations peuvent être constatées par la voie de l'expertise; elles sont assujetties à un droit en sus;

12° L'article 11 ne s'applique pas au bail à colonage, ou bail à moitié fruits;

13° Enfin les dispositions de cet article ne sont exécutoires qu'à partir du 1er octobre 1871, de sorte que, pour les locations verbales antérieures à la loi du 23 août 1871, le délai de trois mois pour passer les déclarations ne commencera à courir que du 1er octobre 1871.

---

(1) Même antérieur à la loi du 23 août 1871.

QUATRIÈME PARTIE

DISSIMULATIONS DANS LES TRANSMISSIONS DE BIENS.
MESURES RÉPRESSIVES.

Article 12. — Toute dissimulation dans le prix d'une vente et dans la soulte d'un échange ou d'un partage sera punie d'une amende égale au quart de la somme dissimulée et payée solidairement par les parties, sauf à la répartir entre eux par égale part.

Article 13. — La dissimulation peut être établie par tous les genres de preuves admises par le droit commun. Toutefois, l'administration ne peut déférer le serment décisoire, et elle ne peut user de la preuve testimoniale que pendant dix ans à partir de l'enregistrement de l'acte.

L'exploit d'ajournement est donné, soit devant le juge du domicile de l'un des défendeurs, soit devant celui de la situation des biens, au choix de l'administration. La cause est portée, suivant l'importance de la réclamation, devant la justice de paix ou devant le tribunal civil. Elle est instruite et jugée comme en matière sommaire ; elle est sujette à appel, s'il y a lieu. Le ministère des avoués n'est pas obligatoire ; mais les parties qui n'auraient pas constitué avoué, ou qui ne seraient pas domiciliées dans le lieu où siége la justice de paix ou le tribunal, seront tenues d'y faire élection de domicile, à défaut de quoi toutes significations seront valablement faites au greffe.

Le notaire qui reçoit un acte de vente, d'échange ou de partage, est tenu de donner lecture aux parties des dispositions du présent article et de celles de l'article 12 ci-dessus. Mention expresse de cette lecture sera faite dans l'acte, à peine d'une amende de dix francs.

Nous touchons au vif de la loi. S'il faut une certaine abnégation pour se soumettre aux dispositions de l'article 11 et se créer à soi-même l'obligation de payer dans l'avenir des droits de transmission plus considérables qu'auparavant, au moyen de la déclaration sincère du revenu de ses biens loués ou affermés, comment accueillera-t-on les dispositions des articles 12 et 13 ci-dessus transcrites? Comment acceptera-t-on la nécessité de ne plus mentir dans les actes, dans les contrats?... Et cependant ces dispositions ne sont que l'expression des notions les plus élémentaires de la justice! Et cependant l'application de ces dispositions, tout en produisant la répartition équitable de l'impôt, aura pour but inévitable de diminuer le nombre des procès.... car combien de contestations n'auraient jamais surgi, si l'on n'avait employé, jusqu'à ce jour, tous les expédients imaginables pour dissimuler le véritable caractère des conventions! — Sans doute, il paraîtra pénible, au début, de renoncer à toutes ces fraudes des temps passés; mais on finira par se convaincre que les économies faites sur les droits d'enregistrement ne sont le plus souvent que des arrhes données sur des frais de justice énormes, quand elles n'occasionnent point à l'une des parties contractantes un préjudice irréparable. Sans doute, le remède adopté par le législateur est violent; mais la plaie est large, le mal est profond... Enfin, redisons-le une dernière fois, n'oublions pas ceux pour qui nous nous imposerons des sacrifices : on ne saurait payer trop cher la délivrance de ses frères !!!

Pour bien apprécier nos deux articles, il est indispensable de connaître comment et pourquoi ils ont été érigés en loi par l'Assemblée nationale. Le projet était celui-ci :

Article 12. — « Le vendeur de biens immeubles et « l'échangiste de la plus forte part n'ont aucune action

« en justice pour le payement de ce qui aurait été
« stipulé en sus du prix de vente ou de la soulte
« énoncée dans l'acte. — Toute somme payée par
« suite de stipulations de cette nature, relatives à une
« transmission postérieure à la promulgation de la
« présente loi, est sujette à répétition ; toutefois, les
« intérêts ne seront dûs qu'à partir de la demande. —
« Tout notaire qui reçoit un acte de vente ou d'é-
« change est tenu de donner lecture aux parties du
« présent article. Mention expresse de cette lecture
« sera faite dans l'acte, à peine d'une amende de
« 10 francs. »

Article 13. — « La dissimulation dans le prix de
« vente ou dans la soulte, exprimée dans un acte ou
« déclaration, peut être établie, indépendamment des
« moyens indiqués par les lois sur l'enregistrement,
« par des actes ou écrits émanés des parties, de leurs
« auteurs ou de leurs héritiers, ou enfin par des juge-
« ments. — La prescription pour la demande des
« droits simples et en sus est de deux ans ; elle court
« du jour de l'enregistrement des actes ou écrits qui
« établissent la dissimulation. »

Ces propositions étaient ainsi motivées :

« On ne saurait nier que le principe de l'égalité de
« l'impôt, inscrit dans toutes nos constitutions politi-
« que, n'est point encore entré dans les mœurs du
« pays. Chaque jour, nous voyons les consciences les
« plus délicates et les plus scrupuleuses dans leurs
« relations privées se soustraire à l'impôt ou essayer
« d'atténuer leur part contributive dans les charges
« publiques.
« Les droits d'enregistrement qui frappent les mu-
« tations sont principalement l'objet de fraudes qui

causent un préjudice considérable aux finances de
« l'Etat.

« Sous l'ancien régime, la Régie avait pour réprimer
« ces fraudes deux actions (retraite et rescision), qui
« constituaient, pour ainsi dire, entre ses mains une
« sorte de droit de préemption. A ce droit la loi de
« frimaire a substitué l'action en expertise (articles 17
« et 19). Mais l'expérience n'a pas tardé à démontrer
« que l'expertise ne constitue qu'un moyen de répres-
« sion insuffisante et inefficace. Elle nécessite, en effet,
« une procédure compliquée aussi onéreuse aux par-
« ties qu'au Trésor, et qui, par ces motifs, ne peut être
« appliquée qu'aux mutations d'une certaine impor-
« tance. Elle doit, en outre, être engagée dans un dé-
« lai très-court (un an à dater de l'enregistrement),
« et, dès que ce délai est expiré, les parties, protégées
« par la prescription, peuvent impunément recon-
« naître, même dans les actes publics, les simulations
« de prix ou les insuffisances contenues dans des actes
« ou dans des déclarations antérieures.

« Pour remédier à cet état de choses, on a proposé
« successivement, à l'imitation d'un pays voisin, de
« prononcer la nullité des contrats qui n'auraient pas
« été sincères, ou de soumettre les parties contractan-
« tes à l'obligation d'un serment ou d'affirmations so-
« lennelles. Mais ces propositions ont dû être écartées,
« comme étant en désaccord avec la susceptibilité de
« nos mœurs et de notre caractère national.

« Cependant la fraude s'étend et se propage chaque
« jour, et il devient urgent de mettre un terme à ses
« développements. La Société n'y est pas moins inté-
« ressée que le Trésor lui-même. Si le Trésor, en effet,
« doit assurer l'application du grand principe de l'é-
« galité de l'impôt par le recouvrement intégral de la
« part de chacun dans la dette commune, la société

« doit également assurer l'avenir des familles par la
« conservation des patrimoines. Or, dans tous les cas
« d'aliénations d'immeubles, où sont engagés les droits
« des femmes mariées, des mineurs, des tiers créan-
« ciers etc. etc. etc., le droit de recours et le gage que
« la loi civile accorde aux intéressés n'existent que
« pour les prix d'aliénations portés dans les actes.
« Toute atténuation de ces prix constitue donc une
« fraude préjudiciable aux droits les plus légitimes et
« aux intérêts les plus respectables. Sans doute, on
« peut objecter que les créanciers lésés ont le droit
« d'exercer une action pour démontrer que le prix de
« vente a été atténué en fraude de leurs droits ; mais,
« pour parvenir à se faire rendre justice, il faut un
« procès, une expertise, une enquête difficile et coû-
« teuse que l'on peut éviter en intéressant les parties
« à être sincères dans leurs déclarations.

« En vue de sauvegarder des intérêts moins consi-
« dérables, la jurisprudence, interprétant la loi de
« 1841, n'a pas hésité, en matière de transmission
« d'offices, à frapper de nullité toute convention se-
« crète ayant pour objet de modifier d'une manière
« quelconque le traité ostensible contenant la trans-
« mission, — nullité tellement radicale et absolue
« qu'elle ne peut être couverte ni par la ratification ex-
« presse, ni par l'exécution volontaire, ni même par
« le payement.

« Par voie d'analogie, nous proposons... (1) »

Les mesures répressives indiquées par le Gouvernement lui paraissaient déjà fort sévères (2) ; cependant

---

(1) Exposé des motifs, § 4.
(2) « Ces dispositions, malgré leur caractère apparent de *sé-
vérité...* » (Exposé des motifs, *idem*.)

elles ne satisfirent point la Commission du budget,
qui les remplaça par celle-ci :

« Art. 12. — Le vendeur de biens immeubles, l'échan-
« giste de la plus forte part et le copartageant, créan-
« cier d'une soulte, n'ont aucune action en justice pour
« le payement de ce qui aurait été stipulé en sus du
« prix de vente ou de la soulte énoncée dans l'acte.

« Toute dissimulation, établie conformément à l'ar-
« ticle 13 ci-après et relative à une transmission posté-
« rieure à la promulgation de la présente loi, donnera
« lieu au payement d'*une amende égale au montant des*
« *sommes dissimulées*, sans que cette amende puisse être
« inférieure à 100 francs. L'amende est due par l'*an-*
« *cien possesseur ou ses successeurs* personnellement *et*
« *sans recours*, nonobstant toute stipulation contraire.
« Le nouveau possesseur reste débiteur du droit
« simple.

« Les dispositions qui précèdent sont applicables au
« cas où le montant de la soulte aurait été dissimulé
« entièrement.

« Le notaire qui reçoit un acte de vente, d'échange ou
« de partage, ne peut, à peine *de destitution*, recevoir
« d'autres émoluments que ceux exigibles en raison des
« sommes exprimées au contrat. En autre, il est tenu
« de donner lecture aux parties du présent article et
« de l'article suivant.

« Mention expresse de cette lecture sera faite dans
« l'acte, à peine d'une amende de dix francs.

« Art. 13. — La dissimulation dans le prix de
« vente ou dans la soulte exprimée dans un acte ou
« déclaration peut être établie par des actes ou écrits
« émanés des parties, *ou de l'une d'elles*, de leurs au-
« teurs ou de leurs héritiers, ou enfin par des juge-
« ments.

« La prescription pour la demande des droits et

10

« amende est de deux ans ; elle court du jour de l'enre-
« gistrement des actes ou écrits qui établissent la dis-
« simulation. »

Ainsi, indépendamment de la nullité de la convention sécrète du vendeur et de l'acquéreur, nullité déjà
proposée par le Gouvernement, la commission demandait que le *vendeur seul* fût frappé d'une amende *égale
au montant des sommes dissimulées*; de sorte que, comme
on l'a fait remarquer avec beaucoup de sens, en supposant une vente de 100,000 francs, dont 50,000 portés
dans l'acte, et 50,000 portés dans une contre-lettre, le
vendeur, privé du droit de réclamer le montant
de sa contre-lettre et passible d'une amende de 50,000
francs, aurait perdu le montant intégral de son prix
de vente, et ce, alors que l'acquéreur, seul intéressé à
la fraude, aurait payé le droit simple sur la somme
dissimulée et n'aurait ainsi rien supporté de plus que
si le prix entier avait figuré dans le contrat!... Un tel
résultat était inacceptable. — Aussi la lutte s'engagea-
t-elle avec une grandeur vraiment imposante; et à la
suite d'une discussion de près de deux séances, « discussion très-intéressante et très-bonne (1), » l'amendement proposé par M. de Ventavon fut adopté par l'Assemblée, résistant aux instances du rapporteur et aux
efforts de deux ministres. Cet amendement, que nous
allons étudier avec soin, a eu pour effet non-seulement
de mettre en relief son auteur, mais encore de montrer la différence énorme qui existe entre les délibérations de l'Assemblée actuelle et les délibérations des
Assemblées qui l'ont précédée : « Il y a là un ensei-
« gnement : le Gouvernement n'est plus comme au-

(1) M. le Président de l'Assemblée nationale. — Séance du
18 août 1871.

« trefois, l'arbitre suprême des votes ; les Commissions
« elles-mêmes, malgré l'autorité que leur confère l'é-
« lection des bureaux, n'ont d'autre prépondérance
« que celle acquise par leur talent et leurs études préa-
« lables (1). »

Voici le texte de l'amendement dont il s'agit :

« Art. 12. — Toute dissimulation dans le prix d'une
« vente et dans la soulte d'un échange ou d'un par-
« tage sera punie d'une amende égale au quart de la
« somme dissimulée et payée solidairement par les
« parties, sauf à la répartir entre elles par égale
« part. »

« Art. 13. — La dissimulation sera prouvée par
« tous genres de preuves devant les tribunaux civils
« chargés de prononcer la condamnation à l'amende.
« La cause sera instruite et plaidée en la forme ordi-
« naire et le jugement sera sujet à appel, si l'amende
« réclamée est supérieure à 1,500 francs. »

Les extraits ci-après du discours de M. de Ventavon
feront ressortir toute l'importance de cette partie de la
loi nouvelle et en rendront le commentaire plus sûr
et plus exact.

« *M. de Ventavon.* — Messieurs, le droit de muta-
« tion est un impôt très-lourd pour la propriété fon-
« cière ; il s'élève à 6 p. 100 du prix porté dans le contrat, et dévore ainsi deux années de revenu.

« Aussi toujours l'acquéreur cherche-t-il à s'affran-
« chir d'une charge considérable ; et de là vient la
dissimulation du prix.

(1) *Moniteur universel* du 27 août 1871. — La discussion des
lois d'impôt à l'Assemblée.

« C'est d'abord une perte considérable pour le Tré-
« sor.

« En outre cette infraction à la loi fiscale entraîne,
« dans la répartition des charges publiques, une iné-
« galité choquante. L'exproprié, le failli, le mineur,
« en un mot, tout ce qu'il y a d'intéressant, supporte
« l'impôt dans toute sa rigueur. Au contraire, les ma-
« jeurs assez heureux pour n'avoir pas à subir les en-
« traves des inscriptions hypothécaires peuvent, au-
« tant qu'ils le veulent, dissimuler le prix et échapper
« ainsi à la perception d'une partie de l'impôt.

« C'est à cet abus que la loi qui vous est proposée
« vient remédier ; mais les moyens qu'elle indique ne
« sont pas efficaces et me paraissent contraires aux
« principes du droit et de l'équité. Je vous propose de
« les remplacer par de nouvelles mesures.

« Celles de la commission sont au nombre de deux :
« la première est renfermée dans l'article 12 du projet
« ainsi conçu : . . . .

. . . .

. . . .

D'après l'orateur, la Commission suppose qu'au moment du contrat les parties font une contre-lettre et
c'est pour cela qu'elle la frappe de nullité ; mais cette
rigueur est inefficace ou inutile, car aujourd'hui on
ne fait plus de contre-lettre, on paye comptant le prix
dissimulé. Le projet du Gouvernement était plus logi-
gique, parce qu'il était fondé sur ce qui se pratique en
matière de transmission d'offices ; cependant il n'y a
aucune assimilation entre les cessions d'offices et les
ventes d'immeubles, car les unes sont soumises à des
règles que l'intérêt public exige et il n'en est point de
même des autres.

« Au reste, ajoute-t-il, la question n'est pas neuve,

« elle a son histoire, et cette histoire je veux la faire
« en peu de mots. L'article 40 de la loi du 22 frimaire
« an VII, que le rapport de la commission a repro-
« duit, portait :

« Toute contre-lettre faite sous signature privée, qui
« aurait pour objet une augmentation de prix stipulé
« dans un acte public ou dans un acte sous signature
« privée précédemment enregistré, est déclarée nulle
« et de nul effet. »

« Les tribunaux pendant longtemps refusèrent de
« voir dans cette disposition une annulation absolue,
« complète de la contre-lettre ; mais la Cour suprême
« ramena les tribunaux à l'observation, si ce n'est de
« l'esprit, au moins du texte de la loi, et il fut re-
« connu que la contre-lettre en matière de vente était
« frappée de nullité absolue. Bientôt après, s'élabora
« le Code civil, et quand le titre des obligations fut
« discuté par le Conseil d'État, toutes les raisons que
« l'on put faire valoir pour maintenir la loi de l'an VII
« furent examinées par les membres du Conseil : Berlier,
« Cambacérès et Tronchet. Ces grands jurisconsultes
« flétrirent tour à tour l'article 40 de la loi du 22 fri-
« maire an VII. — Vous changez, disait l'un, le ca-
« ractère essentiel que le Code civil entend donner aux
« contrats. Vous voulez faire dépendre la validité d'un
« acte de sa forme extérieure ; vous annulez la con-
« tre-lettre, parce qu'elle n'est pas enregistrée ; vous
« dérogez à la règle que le contrat est formé par le
« seul consentement des parties ; qu'autre chose est
« l'obligation, autre chose est l'instrument, c'est-à-dire
« l'acte écrit destiné à la constater. — (Très-bien!
« très-bien!)

« On intervient à tort, disait un autre orateur dans
« les transactions des parties. Quel intérêt avez-vous

« à empêcher le vendeur d'exiger de son acquéreur le
« montant de la contre-lettre ? En matière d'impôt,
« punissez la violation de la loi par des amendes,
« mais gardez-vous de porter atteinte aux conventions
« des parties. (Vives marques d'approbation sur un
« certain nombre de bancs.)

« Le dernier orateur, Tronchet, s'écria : Vous vou-
« lez donc, dans un intérêt fiscal, donner une prime
« à l'immoralité !

« C'est de cette discussion, messieurs, qu'est sorti
« l'article 1321 du Code civil, d'après lequel les contre-
« lettres ont tout leur effet entre les parties contrac-
« tantes (1).

« Or, ce qu'on vous propose aujourd'hui, c'est de
« revenir du Code civil à la loi du 22 frimaire an VII.
« (C'est cela !)

« On dirait que tout est à refaire aujourd'hui, et
« qu'il faut non-seulement édicter des matières fiscales,
« mais faire une loi civile. L'annulation de la contre-
« lettre, en effet, ne se rattache pas seulement à l'impôt ;
« elle tient aux contrats, à leur exécution, c'est-à-dire
« à la loi civile.

« Messieurs, ne touchons pas au Code civil, ce mo-

_____

(1) Voici ce que dit Marcadé à ce sujet : « Le directeur
général de l'enregistrement, M. Duchâtel, sentant bien que
la question de validité ou de nullité d'un acte appartient au
droit civil, non aux lois fiscales qui, régulièrement, ne doivent procéder que par voie d'amendes, et que par conséquent
la règle générale qui allait être posée dans le Code, réagirait
sur la disposition de l'art. 40 de la loi de frimaire, M. Duchâtel demanda que les contre-lettres, toujours *faites en fraude
du Trésor public*, fussent *proscrites d'une manière absolue*.
Mais sa proposition fut improuvée par le Conseil entier,
MM. Bigot, Préameneu, Cambacérès, Berlier, Tronchet. De-
fermon répondirent.... » — Nous avons cru utile de rapprocher ce passage des paroles de M. de Ventavon.

« nument immortel de législation, qui, dans toute la
« matière des Obligations, est l'expression la plus
« pure, la plus élevée de la morale éternelle; ne tou-
« chons pas au Code civil! Il a conquis déjà la moitié
« de l'Europe, il fera la conquête du monde. Gardons
« au moins ces pacifiques lauriers. (Très-bien!)

« J'ai dit qu'il fallait proscrire la première disposition
« du projet de loi, relative à la nullité des contre-
« lettres, parce que cette disposition est inefficace,
« l'excédant du prix stipulé étant, suivant l'usage,
« toujours payé comptant; ensuite, parce que la loi
« sur ce point serait contraire aux vrais principes de
« la morale et du droit.

« Voyons si la Commission a été plus heureuse en
« vous proposant le second paragraphe de l'article 12
« relatif à la pénalité. . . . .

. . . .

. . . .

« Ainsi, suivant la Commission, l'amende doit être
« égale au montant des sommes dissimulées et sup-
« portée tout entière, sans aucune répétition, par le
« vendeur de l'immeuble.

« La Commission, sur le premier point, n'atteint
« pas le but, elle le dépasse : une amende égale au
« montant des sommes dissimulées est une véritable
« confiscation.

« Quant au second point, mettre l'amende à la
« charge du vendeur, c'est le renversement de tous
« les principes. (Marques d'approbation).

« Quelle est celle des parties qui doit payer le droit?
« C'est l'acquéreur. Dans l'intérêt de qui le prix est-il
« dissimulé? Dans l'intérêt de l'acquéreur. Qui doit,
« par conséquent, payer l'amende encourue par la
« dissimulation, si ce n'est l'acquéreur?

« D'après la Commission, c'est le vendeur qui sup-

« portera exclusivement l'amende. Et ceci, messieurs,
« est intentionnellement écrit dans le projet de loi,
« car voici ce que je lis dans le rapport de la Commis-
« sion, page 32. . . . .

. . . .

. . . .

« Ainsi la Commission reconnaît que le plus cou-
« pable des deux est l'acquéreur.

« Mais, en même temps, la Commission veut non
« pas que l'amende soit payée par moitié, comme
vous verrez plus tard dans le projet que j'ai l'hon-
« neur de vous apporter, mais que l'amende, c'est-
« à-dire la peine, soit encourue par le vendeur seu-
« lement. .

« Cette proposition peut-elle être acceptée par l'As-
« semblée?

« Voyons quelle en serait l'application »

L'orateur définit la position respective des deux
contractants, telle que nous l'avons indiquée ou à peu
près; puis il continue en ces termes :

« Voilà les conséquences de la proposition qu'on
« vous apporte. A toutes les époques, elles révolte-
« raient l'équité; qu'est-ce donc dans la circonstance
« actuelle?

« Savez-vous bien que tout le numéraire de la
« France allant à l'étranger, les vendeurs seront dé-
« sormais à la discrétion complète des acquéreurs ?

« Savez-vous que l'homme obéré de dettes, obligé de
« vendre pour se libérer, trouvera difficilement à pla-
« cer une propriété qui rapporte 3 pour 100, quand
« l'Etat emprunte à 6 pour 100, et qu'il subira inévi-
« tablement la pression de son acquéreur? Tel acqué-
« reur lui dira : Vous ne voulez pas dissimuler une

« partie du prix, vous n'avez donc pas confiance en
« moi? L'acquéreur sera, je veux le croire, loyal, ir-
« réprochable dans sa vie passée; le vendeur cédera,
« subissant d'ailleurs l'impérieuse nécessité de vendre,
« mais l'acquéreur mourra et sa succession tombera
« dans des mains moins pures; et ce vendeur se trou-
« vera en présence des héritiers. Vous comprenez im-
« médiatement ce qui va se passser. Si la régie réclame
« l'amende encourue, le vendeur fera vainement appel
« aux héritiers de l'acquéreur.

« C'est un devoir pour vous de protéger les vendeurs,
« c'est-à-dire ces habitants des campagnes qui nous
« ont envoyés ici. (Mouvements divers. — Interrup-
« tions.)

« Que ceux qui m'interrompent veuillent bien
« rechercher le bilan hypothécaire, ils verront jusqu'à
« quel point la propriété foncière est grevée dans les
« campagnes et quels sont, par conséquent, les besoins
« de leurs habitants. Je voudrais me tromper, mais
« je crois à une crise plus terrible encore que celle qui
« a atteint la propriété foncière en 1848 et 1849. J'ai
« entendu dire à cette époque que le tiers du territoire
« d'un département voisin de celui que j'habite avait
« passé sous le feu des enchères. Eh bien! en pareil
« cas, ce n'est pas le vendeur poursuivi par ses créan-
« ciers et forcé de vendre qui imposera ses lois, c'est
« l'acquéreur qui exigera la dissimulation du prix;
« veuillez donc me dire, en vous plaçant au point de
« vue de la répression, pourquoi vous mettez l'a-
« mende à la charge exclusive du vendeur?

« Messieurs, cette seconde disposition du projet de
« loi ne peut pas plus être votée par vous que la pre-
« mière. Il faut, à mes yeux, quelque chose de plus
« juste, mais en même temps de plus radical. Oui,
« les dissimulations de prix ont, pour ainsi dire, passé

« dans les mœurs ; à peine quelques esprits élevés ont-
« ils assez d'horreur pour le mensonge et assez de
« patriotisme dans le cœur, suivant l'expression de
« M. le ministre du commerce, pour se résigner à
« acquitter intégralement le droit de mutation.

« Il y a des juristes qui rattachent aux exigences
« mêmes de la loi leur justification, quand il s'agit
« d'amoindrir les droits du fisc. Ils trouvent dans les
« discours de nos législateurs que le droit n'a été porté
« à un chiffre aussi élevé que parce qu'il serait le plus
« souvent éludé. En échappant au droit par la dissi-
« mulation, ils prétendent rentrer dans les prévisions
« de la loi. (Exclamations diverses.)

« *Un membre*. — C'est la casuistique du droit !

« *M. de Ventavon*. — D'autres, connaissant moins le
« droit, mais un peu mieux l'histoire, ont découvert
« un édit de Louis XIV, rendu pendant la vieillesse du
« grand roi. Il avait fait de grandes choses : mais il
« avait établi beaucoup d'impôts et il en éprouvait
« du regret. Ne pouvant restituer à ses sujets les con-
« tributions qu'il avait levées, il rendit un édit pour
« apaiser leur conscience, leur remettre la faute qu'ils
« avaient commise en fraudant le trésor, et faciliter
« ainsi leur salut. (Hilarité.)

« *Un membre au banc de la Commission*. — C'est une
« proposition à faire au Ministre des Finances comme
« moyen de recouvrer les impôts !

« *M. de Ventavon*. — Il y a, Messieurs, des âmes
« timorées qui s'abritent encore sous l'édit de Louis XIV.
« (On sourit.)

« *M. le Comte Benoist d'Azy*. — Ce n'est pas sé-
« rieux.

« *M. de Ventavon*. — Elles croient que, puisque l'im-
« pôt n'a pas baissé depuis cette époque, l'édit de
« Louis XIV est encore en vigueur.

« *M. le Comte Benoist d'Azy*. — Mais non, on ne peut
« pas dire des choses pareilles. Ce n'est pas tolérable!

« *M. de Ventavon*. — Enfin le vulgaire y met moins
« de façons. Pour lui, tout ce qu'on dérobe au fisc lui
« semble autant de pris à l'ennemi.

« *M. le Comte Benoist d'Azy*.— C'est l'apologie de la
« fraude.

« *M. Pagès-Dupont*. — C'est l'appréciation du fait.

« *M. de Ventavon*. — Eh bien! Messieurs, il faut ré-
« sister de toutes vos forces à un courant pareil; il
« faut que l'impôt soit payé par tous et qu'il soit égal
« pour tous. De là la nécessité de mesures rigoureu-
« ses pour prévenir la fraude. Ce sont ces mesures que
« je viens vous proposer.

« La véritable cause de cet usage funeste, qui s'est
« introduit dans nos mœurs, de dissimuler des prix de
« vente est l'impunité de la fraude, et l'impunité pro-
« vient de ce que la régie de l'enregistrement n'est pas
« libre dans son action. Permettez-moi de vous faire
« sur ce point encore l'histoire du droit.

« (Parlez! parlez!)

« Au termes de la loi du 22 frimaire an VII, quand
« un prix de vente ne paraît pas en harmonie avec la
« véritable valeur de l'immeuble, la régie peut deman-
« der l'expertise. Elle a combattu longtemps pour faire
« admettre que l'expertise était dans ses mains un droit
« qui ne souffrait pas de contestation. Les tribunaux
« prétendaient qu'avant d'ordonner l'expertise, il y
« avait à rechercher si elle pouvait efficacement con-
« duire à la découverte de la fraude. La régie a fait

« juger par la Cour suprême que, chaque fois qu'elle
« requerrait l'expertise, l'expertise devait être accordée
« mais, par un juste retour de cette exigence, il a été
« admis en principe qu'en matière de vente la régie
« n'avait d'autre moyen pour établir la fraude que
« l'expertise dont je viens de parler.

« Ne confondez pas ici le droit de mutation, qui est
« perçu sur les contrats à titre gratuit et sur les suc-
« cessions, avec celui que doivent les contrats onéreux,
« c'est-à-dire les contrats de vente, pour lesquels est
« fait l'article 13 que je combats en ce moment.

« Pour les ventes, c'est une règle aujourd'hui cer-
« taine que l'administration peut demander l'experti-
« se, mais rien de plus; il lui est interdit de produire
« d'autres preuves devant les tribunaux, et elle doit
« demander l'expertise dans un délai fort court.

« Lisez maintenant l'exposé des motifs de M. le Mi-
« nistre des Finances et vous y verrez que l'expertise
« ne pouvait presque jamais aboutir, qu'elle n'était
« employée que dans les mutations de valeurs très-
« considérables, qu'elle était remplie de périls, que les
« tribunaux en admettaient rarement les résultats.

« D'ailleurs, l'expertise, en cette matière, ne peut ja-
« mais donner la vérité tout entière. Des experts, en
« les supposant habiles, ne pourront jamais apprécier
« ce qui constitue la valeur relative dans un prix de
« vente, ce qu'on appelle ordinairement la valeur de
« convenance. Cet élément du prix leur échappera
« toujours. Ainsi la véritable cause pour laquelle on
« élude habituellement les droits de mutation, c'est
« que l'impunité la plus complète protége les auteurs
« de la fraude, et, comme nous voulons éteindre cette
« habitude immorale, je vous propose de replacer l'ad-
« ministration de l'enregistrement dans le droit com-
« mun.

« Elle avait le droit de requérir une expertise ; elle
« ne l'obtiendra que lorsque les tribunaux jugeront
« convenable de l'accorder.

« Mais en retour, je veux qu'elle ait tous les privi-
« léges que le droit commun donne à *ceux qui ont souf-*
« *fert de la fraude et de la dissimulation.*

« Le membre du Conseil d'Etat dont je parlais tout
« à l'heure, *Tronchet*, a dit : « *Le fisc est un tiers.* » —
« Puisque le fisc est un tiers, il faut qu'il puisse éta-
« blir la fraude par tous les moyens qui sont à la dis-
« position des tiers.

« Ainsi, quand une partie du prix aura été dissimu-
« lée dans un acte de vente, l'administration aura le
« droit d'établir la fraude par la preuve testimoniale,
« par l'interrogatoire des parties, par le serment, s'il
« le faut.

(Exclamations et mouvements divers.)

« *M. Paris.* — Beaucoup de paysans prêteront ser-
« ment pour 50 francs ; vous multiplierez le parjure.

« *M. de Ventavon.* — Je ne m'étonne pas du mouve-
« ment qui se produit dans cette Assemblée. Je devais
« m'y attendre, car je propose un moyen inusité jus-
« qu'à présent. Mais pour prévenir les fraudes qui sont
« pour ainsi dire dans nos mœurs, pour guérir un mal
« aussi profond, il faut un remède héroïque, et celui
« que je propose est le seul, croyez-le bien, et il abou-
« tira presque toujours au résultat que vous voulez
« atteindre.

« Deux hommes vont faire un contract de vente ;
« quand ils sauront que l'administration peut les re-
« chercher, qu'elle les traduira devant les tribunaux,
« que non-seulement elle demandera l'expertise, mais
« qu'elle les fera interroger par la justice, qu'elle four-
nira contre eux des témoins, qu'elle pourra, si ces

« moyens lui font défaut, en venir au serment, croyez-
« vous que ces hommes, vendeur et acquéreur, dissi-
« muleront encore une partie du prix de vente? Pour
« moi, je suis convaincu que vous aurez tari dans sa
« source cet abus qui cause un préjudice considérable
« au Trésor et qui afflige tous les esprits honnêtes.

« Mais une objection se présente : Il faut, dit-on,
« pour recourir aux preuves ordinaires, changer la
« forme des actions en matière d'enregistrement; au-
« jourd'hui, l'administration instruit ses causes par
« des mémoires; comment interroger les parties? Com-
« ment entendre les témoins ?

« Cette objection, Messieurs, se résout d'un seul
« mot : faites rentrer l'administration dans le droit
« commun ; donnez-lui tous les priviléges qui sont
« accordés à des tiers attaquant les actes faits en fraude
« de leurs droits, mais qu'elle soit assujettie à toutes
« les formes de la procédure ; qu'elle vienne, comme
« un plaideur ordinaire, devant les tribunaux, établir
« le mérite de sa demande.

« Voici une seconde objection plus sérieuse : vous
« voulez, me dira-t-on, autoriser l'administration à
« troubler les familles, à agiter les consciences, à défé-
« rer un serment. C'est de l'inquisition.

« Cette idée de serment me semble avoir vivement
« impressionné quelques membres de la commission.

« Permettez-moi de vous dire que je ne vois pas là
« un argument sérieux.

« C'est de l'inquisition ! dit-on. Comment ! vous avez
« dissimulé dans un contrat une partie du prix con-
« venu ; par là même, vous avez dérobé au Trésor une
« partie de ce qui lui appartient, et le Trésor ne pour-
« rait pas, avant tout, vous demander si vous persistez
« dans une dissimulation coupable ! Il ne pourrait pas
« vous obliger à affirmer devant la justice la vérité de

« l'acte que vous avez consenti ! Pour moi, je ne com-
« prendrais pas qu'on plaçât ainsi le Trésor en dehors
« de toutes les règles du droit.

« Y a-t-il donc, dans cette question du prix de vente,
« un secret de famille qu'il serait interdit de pénétrer?
« Y a-t-il pour le vendeur ou pour l'acquéreur un
« grave préjudice que ce prix soit connu ?

« Mais, quand une vente a lieu, tout le monde en
« connaît ordinairement le prix réel : les parents, les
« voisins, le notaire, souvent le receveur d'enregistre-
« ment lui-même, savent parfaitement la dissimulation
« du prix. Seulement, le receveur est placé dans l'im-
« puissance de poursuivre, parce que la législation n'a
« mis à sa disposition que la faculté de requérir l'ex-
« pertise.

« Eh bien ! c'est là l'abus que je veux détruire. N'en
« doutez pas, Messieurs, le jour où vous aurez auto-
« risé l'action directe de l'enregistrement, en l'armant
« de toutes les preuves que le droit commun autorise
« pour établir la fraude, vous aurez fait disparaître
« presque entièrement la dissimulation et le droit de
« mutation sera intégralement payé.

« Voilà le premier moyen qu'il faut employer.

« Il faut, en outre, des amendes.

« Comme le disait encore l'orateur du Conseil d'État,
« c'est par une amende que l'on punit la fraude en
« matière fiscale. Sous l'empire de la loi de l'an VII,
« elle était d'un droit en sus, c'est ce qu'on appelait le
« *triple droit* (1).

---

(1) L'orateur fait allusion à cette phrase de l'art. 40 :
« Néanmoins, lorsque l'existence de la contre-lettre sera constatée, il y aura lieu d'exiger, à titre d'amende, une [somme
triple du droit qui aurait eu lieu sur les sommes et valeurs
ainsi stipulées. » Ce n'est pas là un droit en sus, lequel est

« D'après le projet du Gouvernement et celui de la
« commission, l'amende devrait être égale à la totalité
« de la somme dissimulée. Il faut choisir, Messieurs,
« entre les deux extrêmes ; et je vous demande, pour
« ma part, de porter l'amende au quart des sommes
« dissimulées, chiffre déjà très-élevé. (Mouvements di-
« vers.)

« Mais je veux que cette amende soit supportée par
« les deux parties et par parts égales, sans répétition
« de l'une contre l'autre. Ici, je suis heureux de trou-
« ver dans le rapport de la commission la justification
« de cette proposition.

« Voici, en effet, Messieurs, ce que je lis à la
« page 30 :

« La dissimulation profite au vendeur ; car, en dimi-
« nuant les frais, elle lui donne le moyen de vendre
« plus cher ; elle profite également à l'acquéreur, qui
« est dispensé illicitement de payer une partie du droit
« d'enregistrement. L'avantage est présumé se répar-
« tir entre les deux parties.

« Je mettrai, par conséquent, sur la même ligne, le
« vendeur et l'acquéreur. L'un, parce qu'il a profité
« de la fraude ; l'autre, parce qu'il ne devait pas y prêter
« son concours.

« Et je répartirai, par égales parts, la condamnation
« entre eux.

« C'est ainsi que, remplaçant le projet de la commis-
« sion et celui du Gouvernement par de nouvelles dis-
« positions, vous arriverez, suivant moi, au but que
« vous voulez atteindre. Vous jetterez, au moyen de
« l'action que j'attribue à l'administration et des

égal au droit simple ordinaire ; d'où l'expression de double
droit.

« preuves dont elle disposera, la terreur parmi ceux
« qui seraient tentés de suivre les traditions funestes
« de la dissimulation, et vous préviendrez ainsi le mal.

« Si, malgré cet avertissement, les parties trahissent
« la vérité dans un contrat de vente, elles seraient pu-
« nies sévèrement, mais dans une juste mesure.

« Parlerai-je maintenant de cette peine disciplinaire
« que le projet de la commission veut imposer au no-
« taire, dans le cas où il aurait pris un émolument sur
« la portion du prix de vente dissimulé ?

« La disposition du projet de la commission est
« ainsi conçue : . . . .

. . . .

. . . .

« Il y a deux choses à dire sur cet article. Les au-
« teurs de la proposition supposent qu'il existe pour
« les notaires un tarif proportionnel au montant du
« prix de vente.

« *M. Henri Villain.* — Il existe dans la pratique.

« *M. de Ventavon.* — La chambre des notaires, pour
« faciliter aux membres de leur compagnie la percep-
« tion de leurs honoraires, a fait des tableaux ; mais
« les tribunaux ont refusé de les homologuer. Si c'é-
« taient de véritables tarifs, ils désobéiraient à la loi.

« L'article 171 du tarif de 1807, après avoir tarifé
« certains actes de notaire à raison du nombre des
« vacations, dit d'une manière générale que les actes
« de partage et de vente seront taxés par le président,
« suivant leur nature et les difficultés de leur rédac-
« tion. Voilà la loi, vous ne la connaissiez pas quand
« vous m'avez interrompu.

« *M. Henri Villain.* — Pardon, mais je dis que, dans
« la pratique, ce n'est pas cela.

11.

« *M. de Ventavon*. — Pour faire destituer un notaire
« coupable, suivant le projet de loi, d'avoir pris des
« émoluments sur un prix dissimulé, il faudrait pro-
« duire un tarif légal et obligatoire ; et, comme il n'en
« existe pas, le notaire se défendra en disant : Je me
« suis taxé suivant la nature et les difficultés du con-
« trat que j'ai dressé.

« Au surplus, la Commission n'a rien fait de nou-
« veau en prescrivant des poursuites disciplinaires. —
« Depuis longtemps il est reconnu par la jurisprudence,
« et il n'a jamais été sérieusement contesté par les
« hommes honorables qui remplissent les fonctions
« d'officiers publics, que tout notaire qui, sciemment,
« contribue à une dissimulation de prix, doit être
« poursuivi disciplinairement.

« Ouvrez les recueils d'arrêts et vous y trouverez de
« nombreuses condamnations.

« Voilà, Messieurs, ce que j'avais à vous dire pour
« la justification de mon amendement. Ce que nous
« voulons tous, ce qui doit nous préoccuper tous au
« même degré, c'est d'assurer la vérité dans les actes ;
« mais, pour obtenir ce résultat, il n'est pas nécessaire
« de désobéir à une autre règle non moins impérieuse,
« celle du respect des conventions. (Très - bien ! très -
bien ! — Applaudissements sur plusieurs bancs.) »

Ces principes, soutenus ensuite avec un talent incontestable par MM. Paul Jozon et André (de la Cha-
rente (1)), furent définitivement consacrés par le vote
de l'Assemblée. Toutefois, le Rapporteur de la Commission demanda que l'article 13 proposé par M. de
Ventavon fût renvoyé à la Commission. Diverses mo-

(1) Voir la fin de la séance du 21 août et la séance du
22 août 1871.

difications ayant été apportées à cet article, d'accord
avec l'auteur de l'amendement, il fut adopté dans la
séance du 23 août; et ainsi fut établie en faveur de
l'administration une innovation considérable, c'est-à-
dire le droit de prouver la fraude par tous les moyens
de droit commun, à l'exception du serment (1).

Interprétons maintenant ces deux articles importants.

A. — En premier lieu, toute dissimulation dans le
prix d'une vente et dans la soulte d'un échange ou
d'un partage est punie d'une amende égale au quart
e la somme dissimulée. — D'abord, il ne faut pas
perdre de vue que par dissimulation on entend une
raude commise par les parties contractantes, une
énonciation mensongère du prix: d'où la conséquence
que si l'administration ne parvient point à connaître
ou à prouver le véritable prix, toute sa mission de
gardienne vigilante des droits du Trésor consiste à démontrer l'insuffisance de ce prix, dans l'année de l'enregistrement du contrat et par la voie de l'expertise,
conformément aux articles 18 et 19 de la loi du 22 frimaire an VII. Mais il faut bien remarquer que, soit
la procédure en expertise, soit la transaction consentie
pour l'éviter, n'empêche nullement l'administration
d'exercer l'action répressive de la dissimulation qui lui
est confiée par nos articles 12 et 13: d'une part, en effet,
le Trésor a réclamé les droits exigibles sur la valeur
vénale des immeubles transmis; de l'autre, il demande

---

(1) On n'a pas oublié l'impression pénible produite sur la
Chambre par le passage du discours de M. de Ventavon tendant à faire accorder le serment décisoire à l'administration;
c'est ce qui explique la restriction apportée à l'art. 13 de l'a-
mendement.

la réparation d'un préjudice volontairement causé et la réparation d'une faute; il ne saurait donc y avoir confusion à cet égard.

Ensuite, il s'agit de voir quelle est en réalité la quotité de l'amende encourue. Est-ce bien le quart de la somme dissimulée, ou le quart de cette somme augmenté de deux décimes? Est-ce bien 25 pour cent de la somme dissimulée, ou 30 pour cent de cette somme (1)? — L'article 1er de la nouvelle loi porte textuellement: « Les dispositions ...... relatives à la perception « d'un second décime sur les droits et *produits* .... « sont remises en vigueur. » — Or, parmi ces produits, dont le recouvrement est confié à l'administration, figurent les amendes de toute nature; et, du moment que l'article 12 déclare que la dissimulation sera punie d'une amende égale au quart........., il semble évident que cette amende doit être assujettie à la perception du second décime.

Quelque rigoureuse que soit cette déduction, nous ne la croyons cependant pas exacte, car elle n'a jamais été dans la pensée du législateur. En effet, la Commission avait proposé que cette amende fût égale *au montant* même de la somme dissimulée et il n'est pas besoin de dire qu'elle ne demandait pas davantage: la somme dissimulée étant *confisquée* tout entière, il n'était pas possible d'aller au delà........ L'auteur de l'amendement devenu loi, trouvant ce 100 pour 100 exorbitant, l'a transformé en un 25 pour 100, chiffre rond, fraction de l'unité; et lui, non plus, n'a jamais songé à l'addition de deux décimes destinée à changer ce 25 pour 100 en 30 pour 100. Cela résulte matérielle-

(1) Ainsi, la somme dissimulée étant de 2,000 francs, l'amende est-elle de 500 ou de 600 francs?

ment des débats, ainsi qu'on pourra s'en convaincre sans peine. Nous choisissons le passage qui contient la démonstration la plus palpable.

« *M. le Rapporteur.* — Nous allons voir si c'est bien « ce que vous faites (1).

« *M. de Tillancourt* dit : C'est ce que nous faisons, « vous croyez le faire en doublant l'amende qui exis- « tait autrefois. Que dis-je, doubler? Vous ne la dou- « blez pas, car elle était *de 6,60, elle sera de 12 1/2 pour* « *cent.*

« *M. de Ventavon.* — *De 25 pour cent.*

« *M. le Rapporteur.* — *De 25 pour cent* contre le « vendeur et l'acheteur, c'est vrai; mais, comme elle « se divise entre eux, elle n'est contre chacun d'eux « que de *12 1/2 pour cent.* Eh bien! je ne crains pas de « le dire, si l'amende primitive était insuffisante pour « empêcher la fraude, l'amende actuelle ne l'empê- « chera pas davantage (2). »

On ne saurait être plus explicite. Les chiffres par- lent d'eux-mêmes: on compare entre elles une amende de 5,50 plus 1,10 de décimes avec une amende brute et sans décimes, et l'on fait ressortir leur proportion. Comment le Rapporteur aurait-il pu dire que l'amende ou droit en sus de 6,60 n'était pas doublée, s'il avait ajouté les deux décimes au quart de la somme, puis qu'alors il y aurait eu 15 pour cent au lieu de 12 et demi pour cent? Comment la discussion aurait-elle pu porter sur ce chiffre de 12 et demi pour cent ou de

---

(1) « Aider le Gouvernement, d'une manière énergique, à faire rentrer une somme appartenant au Trésor, et qui lui a été indûment soustraite. »

(2) Séance du 22 août 1871.

25 pour cent, au lieu de 15 et 30 pour cent?...... Il ne nous paraît donc pas douteux que l'amende dont il s'agit a été fixée d'un seul trait *au quart* de la somme dissimulée, comme elle l'avait été primitivement au montant intégral de cette somme. Il est question ici d'une peine *sui generis*, d'un *quantum* calculé d'une manière invariable et irrévocable, d'un *quart* de la somme dissimulée et non d'une *autre fraction* de cette somme (1).

Enfin, l'amende est à la charge des parties par *égales parts*, c'est-à-dire moitié pour le vendeur et moitié pour l'acquéreur, moitié pour chaque échangiste, et une moitié, un tiers, un quart etc., etc., etc., pour chaque copartageant. Voilà pour la répartition de là peine entre tous ceux qui ont pris part à la fraude; mais, comme aux yeux du Trésor ils sont tous *complices* de cette fraude, ils sont *solidaires* pour la réparation, et l'administration peut réclamer la totalité de l'amende à chacun d'eux, sans se préoccuper d'aucune division ultérieure. Cette pénalité est destinée à remplacer les mesures employées jusqu'alors et considérées, à juste titre, comme entièrement inefficaces. L'article 12 qui l'édicte est, d'ailleurs, général, absolu, et s'applique à *toutes* les dissimulations, qu'elles soient constatées par écrit ou de toute autre manière. Il en résulte nécessairement que les droits en sus et triples droits de l'ancienne législation sont absorbés par l'a-

(1) Nous attendons avec confiance les décisions de la jurisprudence sur cette question, — Au surplus, si la fraude était reconnue ou avouée, il ne serait pas possible de transiger sur le *quantum* fixé par la loi, comme on le fait pour les insuffisances et même pour les contraventions à la loi du 22 pluviôse an VII, sur les ventes publiques de meubles ; néanmoins on pourrait se pourvoir en grâce auprès du ministre des finances et solliciter une modération de la peine encourue.

mende nouvelle du quart des sommes dissimulées et ne se cumulent point avec elle. Bien que cette conséquence nous paraisse incontestable, il n'est peut-être pas superflu de la soumettre à un minutieux examen.

D'un côté, aux termes des articles 17 et 19 de la loi du 22 frimaire an VII, la dissimulation ne pouvait être établie que par l'expertise, et la peine était alors d'un droit en sus (1); et, si un acte contenait la preuve de cette dissimulation, il ne pouvait donner lieu par lui-même à la perception de ce droit en sus, à moins que, rédigé dans le but de compléter l'acte primitif, il n'eût été présenté à la formalité de l'enregistrement que *plus de trois mois* après la mutation (2). Or, aujourd'hui, il n'en est plus ainsi : toute dissimulation, dès qu'elle existe dans un acte, est punie d'une amende égale au quart de la somme dissimulée. Aucune déclaration postérieure, même pendant les trois mois de la mutation, ne saurait affranchir les contractants de cette peine; mais, en même temps, aucune autre peine ne saurait leur être appliquée après ce délai de trois mois. — Il ne faut pas perdre de vue, du reste, que l'amende du quart des sommes dissimulées n'est qu'une réduction de l'amende draconienne proposée par la Commission, de sorte que, si l'on veut savoir dans quel esprit le législateur l'a adoptée, il faut se reporter aux motifs donnés par ses auteurs eux-mêmes. Eh bien! voici ce que nous lisons dans le rapport de la Commission, page 32 :

(1) Nous avons déjà fait remarquer que la faculté de l'expertise et la peine du droit en sus régissent maintenant encore les *insuffisances* de prix, essentiellement distinctes des dissimulations.

(2) Avant l'expiration de ce délai, il était toujours permis d'augmenter le prix précédemment énoncé.

« La dissimulation donnera lieu au payement d'une
« somme égale au montant des sommes dissimulées,
« sans que cette amende puisse être inférieure à
« 100 francs.

« La loi décide que cette amende sera due par le
« *vendeur personnellement* et sans recours contre l'ac-
« quéreur, nonobstant toute stipulation contraire.

« L'acquéreur restera débiteur *du droit simple seule-
« ment.* »

Et l'article 13 de la Commission portait : « La dis-
« simulation... peut être établie par des *actes ou écrits
« émanés des parties ou de l'une d'elles, de leurs auteurs
« ou de leurs héritiers...,* et ce, pendant deux ans du
« jour de l'enregistrement des actes ou écrits qui éta-
« blissent la dissimulation. »

Il est donc manifeste que, dans la pensée de la Commission, tout écrit émanant de l'une des parties et
prouvant la dissimulation ne devait être assujetti qu'au
payement des *droits simples dus par l'acquéreur,* sauf le
recouvrement sur *le vendeur* de l'amende précitée du
montant de la somme dissimulée. Et c'est bien là la
cause principale de l'échec subi par la Commission,
car il n'était pas admissible que l'acquéreur, le plus
intéressé à la fraude, fût à l'abri de toute peine et ne
payât que ce qu'il aurait payé si le contrat eût été sincère. — Or, qu'a fait M. de Ventavon? Il a demandé
simplement que l'acquéreur ne payât pas seulement
le droit ordinaire, mais qu'il fût soumis solidairement
avec le vendeur à l'amende destinée à remplacer celle
qu'il trouvait exorbitante. — Ainsi, le point de dé-
part est absolument le même, et la dissimulation ne
peut plus entraîner désormais d'autres pénalités que
celle édictée par notre article 12 (1).

_____

(1) Le droit en sus perçu sur un écrit établissant la fraude,

D'un autre côté, l'article 40 de la loi du 22 frimaire an VII, après avoir déclaré nulle et de nul effet « toute « contre-lettre faite sous signature privée, ayant pour « objet une augmentation du prix stipulé dans un « acte public, ou dans un acte sous seing privé pré- « cédemment enregistré, » ajoute : « Néanmoins, « lorsque l'existence en sera constatée, il y aura lieu « d'exiger, à titre d'amende, une somme *triple du droit* « qui aurait eu lieu sur les sommes et valeurs ainsi « stipulées. » — Or, si l'on se reporte à tout ce qui a été dit et notamment à ces paroles de M. de Venta- von : « Il faut choisir entre ces deux extrêmes (le « triple droit et l'amende égale au montant de la « somme dissimulée) et je vous demande de porter « l'amende au quart... »; si l'on se rappelle toutes les explications fournies lors de la discussion de l'article 12 et venant après la déclaration formelle de la commission : « Que l'acquéreur restera dé- « biteur du droit simple, et que le vendeur sera « seul puni d'une amende énorme »; on ne peut plus soutenir que la contre-lettre présentée à l'enre-. gistrement donnera lieu et au triple droit de l'article 40 de la loi du 22 frimaire an VII et à l'amende du quart de la somme dissimulée conformément à la loi nou- velle. Il faut donc reconnaître qu'à un système de peines on a substitué un autre système, et que le se- cond, au lieu de se combiner avec le premier, l'an- nihile complétement; de manière qu'en définitive la contre-lettre doit être enregistrée maintenant au droit simple avec l'amende de 25 pour 100, ce qui repré-

et présenté à la formalité plus de trois mois après la mutation, ne s'expliquerait qu'en se plaçant au point de vue de la muta- tion secrète : or, cet écrit ne saurait constituer à la fois une mutation et le complément d'une autre mutation,

12

sente non plus un triple droit, mais un quintuple droit, ce qui constitue une contribution très-lourde et une pénalité suffisamment sévère.

B. — En second lieu, la dissimulation peut être établie par tous les genres de preuves admises par le droit commun, à l'exception du serment décisoire. — Il ne s'agit plus, dès lors, d'actes ou écrits émanés des parties ou de l'une d'elles, de leurs auteurs ou de leurs héritiers, ou de jugements.....; il s'agit de tous les moyens qui sont à la disposition des *tiers*, à la seule exception du serment décisoire considéré comme dangereux et suspect. C'est là, il faut en convenir, une arme puissante entre les mains de l'administration, et ce n'est pas sans une certaine appréhension qu'elle lui a été accordée. — « L'administration, disait un mem-
« bre de l'Assemblée (1), n'est pas comme un plaideur
« vulgaire; elle ne se réserve pas ces moyens d'audience
« qui, le plus souvent, sont des surprises adressées à
« une partie trop ignorante; elle n'a pas la voie des
« interrogatoires sur faits et articles, ni des conclu-
« sions orales et tardives qui peuvent cacher des pié-
« ges; elle n'a pas la preuve testimoniale à sa disposi-
« tion et n'a pas la parole devant les tribunaux pour
« la défense de ses intérêts. — Elle ne plaide que sur
« mémoires. Pourquoi? C'est qu'à mon avis cela tient
« à la dignité d'une grande administration. Il ne faut
« pas qu'elle puisse se confondre avec les plaideurs,
« que j'appellerai des chercheurs de chicane. Il faut
« qu'elle ne plaide que lorsqu'elle a des moyens sérieux
« et à peu près certains à présenter devant la justice.
« Il faut qu'elle résiste aux entraînements trop faciles
« que font naître les moyens ordinaires et surtout la
« preuve testimoniale, qui est toujours la source d'un

(1) M. Ganivet. — Séance du 23 août 1871.

« trop grand nombre de délations. Il faut qu'une ad-
« ministration aussi considérable ne se présente de-
« vant le tribunal que lorsque tous ses moyens sont
« connus et puissent être librement discutés par ses
« adversaires. C'est pour cela qu'on a toujours exigé
« qu'elle plaidât sur mémoires ; c'est la règle générale
« ..... Pourquoi veut-on créer une exception lorsqu'il
« s'agit d'une dissimulation de prix ? Est-ce que cela
« vous donnera un moyen plus sûr de découvrir et
« d'atteindre la fraude ? Non, ce n'est pas, en effet,
« par le moyen de la procédure qu'on découvre les
« fraudes et surtout qu'on en empêche les abus, c'est
« à l'aide d'autres moyens, et ces moyens, il m'avait
« semblé qu'ils devaient être dans des dispositions qui
« auraient pour but de donner à la régie plus de
« temps pour étudier ces conventions elles-mêmes et
« en rechercher les traces partout où elles peuvent
« être. »

Pour nous, nous sommes loin de partager ces crain-
tes exagérées, et nous avons toujours considéré
comme déplorable cette différence de procédures, selon
qu'on a affaire à un particulier ou à l'administration
de l'enregistrement. Aussi adoptons-nous entièrement
la doctrine de M. Paul Jozon sur ce point : « Je con-
« viens, faisait-il observer, que le mémoire écrit est
« fort utile en matière d'enregistrement ; mais le dé-
« bat oral a bien aussi sa valeur. L'honorable rappor-
« teur a plaidé souvent en cassation des questions
« d'enregistrement et j'estime qu'il a été très-utile à
« la cour de l'entendre. Je ne vois, pour mon compte,
« aucun inconvénient, alors que toutes les actions
« pourraient être exercées de la même façon, à ce
« qu'on multiplie les genres de procédure. La procé-
« dure sommaire, sans frais, avec un mémoire écrit

« que le juge exigerait, s'appliquerait fort bien aux
« questions d'enregistrement; et il y aurait faculté
« d'appel, si l'intérêt en jeu dépassait 1,500 francs (1). »

Il résulte, en résumé, de la disposition contenue
dans notre article 13 que, pour administrer les preuves
de la dissimulation, la Régie pourra assigner l'auteur
présumé de cette dissimulation, soit devant le juge
du domicile de l'un des défendeurs, soit devant le
juge de la situation des biens; ce choix ou cette faculté est entièrement rationnel et logique. — Il en
résulte, de plus, que le chiffre de la réclamation déterminera la juridiction et que l'appel sera admis pour
toutes les affaires jugées en premier ressort. — Il en
résulte, enfin, que le ministère des avoués n'est pas
absolument obligatoire; cependant, comme il y aura
le plus souvent des enquêtes et des interrogatoires sur
faits et articles, le concours de ces officiers ministériels
nous paraît devoir être indispensable.

D'autre part, en refusant à l'administration l'usage
du serment décisoire, la loi prononce aussi une restriction au sujet de l'emploi de la preuve testimoniale.
Cette preuve ne pourra donc être exercée que pendant
dix ans, à partir de l'enregistrement de l'acte incri-
miné. — Mais, il ne faut pas l'oublier, tous les autres
moyens peuvent être fournis pendant trente ans.....
Ce laps de temps est bien long, et il suppose que les
poursuites de l'administration pourront s'adresser
non-seulement aux auteurs de la dissimulation, mais
encore à leurs héritiers. Cette déduction toute naturelle se fortifie, au surplus, par de puissantes considérations. Sous l'ancienne législation, en effet, on s'était
demandé si le triple droit dû sur la contre-lettre pas-

(1) Séance du 21 août 1871.

sait aux héritiers, et Dalloz nous apprend (1) que,
« malgré la controverse existant sur ce point délicat,
« le triple droit n'est point, à vrai dire, une amende
« prononcée personnellement contre les contrevenants,
« et que c'est, au contraire, une peine frappant l'acte
« lui-même, abstraction faite des personnes (2). » Et,
quant à la nouvelle disposition, elle a été évidemment
édictée sous cette inspiration, car l'article 12 de la
commission portait expressément : « L'amende est
« due par l'ancien possesseur ou *ses successeurs* per-
« sonnellement et sans recours; » cette amende ayant
été réduite purement et simplement, il est incontestable que l'article 12 actuel a voulu, lui aussi, atteindre
les *héritiers* des parties contractantes.

C. — En troisième et dernier lieu, la peine disciplinaire proposée contre les notaires est remplacée par
une obligation qui ne sera point nouvelle pour eux et
qu'ils pourront facilement remplir. De même qu'une
loi des 17 juin, 2 et 10 juillet 1850, modificative des
articles 1391 et 1394 du Code civil, leur enjoint de
donner lecture de ces articles et de mentionner cette lecture dans les contrats de mariage, sous peine d'une
amende de dix francs : de même la loi nouvelle exige
qu'ils éclairent les vendeurs, acquéreurs, échangistes
et copartageants, sur la portée des mesures répressives
organisées par les articles 12 et 13, et qu'ils mention-
nent expressément dans leurs actes la lecture par eux
faite de ces articles, le tout sous la même peine d'une

(1) Nos 5067, 5069.,.

(2) Le même principe a été consacré, en matière de mutation secrète, par un avis du Conseil d'État, du 3 février 1810,
interprétatif de l'art 38 de la loi du 22 frimaire an VII.

12.

amende de dix francs. — Tout porte à croire que les notaires, fortement impressionnés des conséquences des dispositions législatives dont il s'agit, n'oublieront point de se conformer à la prescription qui les concerne eux-mêmes et qui est bien loin de ressembler à la menace de destitution imaginée par la commission....

CINQUIÈME PARTIE

AUTRES MESURES DESTINÉES A ASSURER L'EXÉCUTION DES LOIS SUR L'ENREGISTREMENT.

Art. 14. — A défaut d'enregistrement ou de déclaration dans les délais fixés par les lois des 22 frimaire an VII, 27 ventôse an IX et par l'article 11 de la présente.loi, l'ancien et le nouveau possesseur, le bailleur et le preneur sont tenus personnellement et sans recours, nonobstant toute stipulation contraire, d'un droit en sus, lequel ne peut être inférieur à cinquante francs.

L'ancien possesseur et le bailleur peuvent s'affranchir du droit en sus qui leur est personnellement imposé, ainsi que du versement immédiat des droits simples, en déposant dans un bureau d'enregistrement l'acte constatant la mutation, ou, à défaut d'actes, en faisant les déclarations prescrites par l'article 4 de la loi du 27 ventôse an IX, et par l'article 11 de la présente loi.

Outre les délais fixés pour l'enregistrement des actes ou déclarations, un délai d'un mois est accordé à l'ancien possesseur et au bailleur pour faire le dépôt ou les déclarations autorisées par le paragraphe qui précède.

Les dispositions du présent article ne sont pas applicables au preneur dans les cas prévus par les paragraphes 5 et 6 de l'article 11 ci-dessus.

Art. 15. — Lorsque, dans les cas prévus par la loi du 22 frimaire an VII et par l'article 11 de la présente loi, il y a lieu à expertise, et que le prix exprimé ou la valeur déclarée n'excède pas 2,000 francs, cette expertise est faite par un seul expert nommé par toutes les parties, ou, en cas de désaccord, par le président du tribunal et sur simple requête.

Art. 16. — Les tribunaux devant lesquels sont produits des actes non enregistrés doivent, soit sur les réquisitions du ministère public, soit même d'office, ordonner le dépôt au greffe de ces actes, pour être immédiatement soumis à la formalité de l'enregistrement.

Il est donné acte au ministère public de ses réquisitions.

Art. 17. — Il est accordé un délai de trois mois à compter de la promulgation de la présente loi pour faire enregistrer sans droits en sus ni amendes tous les actes sous signatures privées qui, en contravention aux lois sur l'enregistrement, n'auraient pas été soumis à cette formalité.

Le droit ne sera perçu pour les baux ainsi présentés à l'enregistrement que pour le temps restant à courir au jour de la promulgation de la présente loi.

Le même délai de faveur est accordé pour faire la déclaration des biens transmis soit par décès, soit entre-vifs, lorsqu'il n'existera pas de conventions écrites.

Les nouveaux possesseurs qui auraient fait des omissions ou des estimations insuffisantes dans leurs actes ou déclarations sont admis à les réparer sans être soumis à aucune peine, pourvu qu'ils acquittent les droits simples et les frais dans le délai de trois mois.

Les dispositions du paragraphe premier du présent article sont également applicables aux contraventions aux lois sur le timbre de dimension, encourues à raison des actes sous signatures privées qui n'auraient pas été régulièrement timbrés.

Le bénéfice résultant du présent article ne peut être réclamé que pour les contraventions existant au jour de la promulgation de la présente loi.

§ Ier. — NOUVELLES PEINES

Indépendamment des mesures répressives de la fraude dans les transmissions entre-vifs d'immeubles à titre onéreux, le législateur a cru devoir en édicter d'autres ayant pour but de mieux assurer l'exécution de certaines prescriptions : c'est là l'objet de l'article 14. — « D'après la loi de frimaire an VII, porte « l'Exposé des motifs, toute convention assujettie à « l'enregistrement dans un délai déterminé donne lieu « d'abord à un droit simple dont les parties sont so- « lidaires, sauf recours de l'ancien possesseur contre « le nouveau possesseur, et ensuite à un droit en sus, « à la charge personnelle de celui-ci.

« Il résulte de ce système que l'ancien possesseur « n'a jamais à supporter aucuns droits ou amendes « d'enregistrement, et que, dans aucun cas, il n'a in- « térêt à veiller à l'exécution des lois fiscales.

« Le but de l'article 14 est d'intéresser le vendeur à « cette exécution, en lui imposant une peine person- « nelle ; mais, pour que la peine soit conforme aux

« règles de la justice, elle ne doit être encourue que
« dans le cas seulement où le débiteur du droit ne
« satisfaisant pas à ses obligations, le vendeur n'aurait
« pas, soit par le dépôt de l'acte non enregistré, soit
« par la déclaration de la mutation, mis l'administra-
« tion à même d'exercer des poursuites. Le projet lui
« accorde, pour accomplir cette obligation, un délai
« supplémentaire de quinze jours. En ouvrant cette
« faculté au vendeur, on ne cause à l'acquéreur au-
« cun préjudice dont il puisse être tenu compte, car
« ce dernier, en laissant écouler les délais légaux, a
« clairement manifesté son intention de se soustraire
« au payement de l'impôt.

« Il nous a paru que ce système de pénalité devait
« être également admis pour le défaut d'enregistre-
« ment ou de déclaration des baux. Le bailleur solidaire
« du droit doit veiller à l'accomplissement de la for-
« malité, et il peut dégager sa responsabilité en dépo-
« sant l'acte au bureau de l'enregistrement, ou en dé-
« clarant la mutation.

« Dans ces limites et avec ce tempérament, l'amende
« personnelle au vendeur et au bailleur ne nous a pas
« semblé présenter un caractère de rigueur exagé-
« rée. Nous ne faisons en réalité qu'étendre par ana-
« logie au droit d'enregistrement la responsabilité du
« propriétaire en matière de contributions directes. »

Le projet de loi, suffisamment expliqué par ce qui
précède, n'a subi, de la part de la Commission, que
les modifications résultant de la nouvelle rédaction des
articles 11, 12, 13 et de l'augmentation du délai de
quinze jours porté définitivement à un mois. Il en
résulte donc qu'en dehors de la solidarité qui frappe
sur le vendeur et l'acquéreur, sur le propriétaire et le
fermier ou locataire, pour l'acquittement du droit

simple, il existe deux peines applicables, savoir : l'une
à l'acquéreur pour n'avoir pas fait enregistrer l'acte
sous seings privés de transmission de propriété ou
d'usufruit d'immeubles à titre onéreux, ainsi que de
jouissance à titre de ferme ou de location, dans le délai de trois mois (1) fixé par l'article 22 de la loi du
22 frimaire an VII, ou pour n'avoir pas fait, à défaut
d'acte, la déclaration prescrite par l'article 4 de la loi
du 27 ventôse an IX et par l'article 11 précédemment
expliqué ; l'autre au vendeur ou au bailleur, pour n'a-
voir pas déposé l'acte translatif ou fait la déclaration
légale dans le mois qui a suivi le délai prémentionné.

Ces deux peines sont indépendantes l'une de l'autre ;
elles sont personnelles, et elles sont, l'une et l'autre,
d'un droit en sus dont le minimum est de cinquante
francs. — Nous ne savons trop si ce système permettra
d'atteindre le but qu'on s'est proposé surtout en matière de baux ou locations. On n'a pas oublié que le
droit proportionnel est de 24 centimes par cent francs
seulement : or, supposons un bail de 10,000 francs par
an et pour trois ans, le droit sera de 72 francs et, par
suite, le droit en sus sera de 72 francs. Peut-on admettre que le propriétaire sera effrayé par une pénalité aussi faible et qu'il consentira à révéler son bail?
A quoi s'expose-t-il en réalité? à soixante-douze francs
pour 10,000 francs de fermage! à soixante francs pour
des fermages un peu moindres que 10,000 francs!...
Ne valait-il pas mieux suivre la règle tracée par l'article 12 et édicter une amende d'un dixième, par
exemple, tout en conservant le minimum de

---

f (1) Ou bien les délais de six mois, un an, deux ans, selon
que l'acte a été passé en Europe, en Amérique, en Asie ou en
Afrique. (Même article.)

50 francs?...¹ (1) — Quoi qu'il en soit, si un acte est présenté à la formalité, ou si une déclaration est faite après l'expiration des délais de trois mois et un mois prémentionnés, il y a lieu de percevoir immédiatement : 1° le droit simple dû solidairement par les deux parties; 2° le droit en sus à la charge exclusive de celle qui présente l'acte ou qui fait la déclaration; sauf à réclamer un second droit en sus à l'autre partie qui en est personnellement tenue. — Il y a, toutefois, exception à ce principe dans le cas où un bailleur a consenti plusieurs baux au-dessous de 100 francs par an et d'une durée n'excédant pas trois ans, ainsi que dans le cas de baux de 100 francs à 300 francs, parce que, dans ces deux hypothèses, le premier n'est tenu à aucune déclaration ni au payement des droits, cette charge incombant au bailleur seul, d'après ce qui a été dit plus haut (2).

§ II. — MODIFICATIONS A LA PROCÉDURE EN EXPERTISE.

« Nous avons dit, porte encore l'Exposé des motifs, « nous avons dit que les formes de l'expertise telle que

---

(1) Il va sans dire que cette amende, comme celle de l'article 12, eût été due solidairement par le bailleur et le preneur, sauf à la répartir entre eux par égale part.

(2) Deux amendements, devant former un article additionnel à l'art. 14, et ayant pour objet les *reventes en détail* d'immeubles achetés en bloc, par actes sous seing privé non enregistrés, avaient été présentés et développés par MM. Ernoul et Claude (de la Meurthe), mais la Chambre les a reoussés. — Il y a évidemment quelque chose à faire à cet égard, et nous désirons que les auteurs de ces amendements les modifient et en fassent, plus tard, le projet d'une loi spéciale.

« la loi de frimaire l'a organisée dans son article 18
« sont longues et compliquées, que les frais sont con-
« sidérables et que l'administration ne peut y avoir
« recours qu'avec la plus grande réserve. Nous ajou-
« terons que ces inconvénients se font d'autant plus
« sentir aujourd'hui que le morcellement du sol s'est
« étendu et qu'il est presque impossible d'appliquer
« cette procédure coûteuse à ces ventes de faible va-
« leur où la dissimulation s'abrite le plus sou-
« vent, assurée de son impunité par la complication
« même des procédures auxquelles la répression don-
« nerait lieu. — Aussi nous proposons de simplifier
« les formes de cette expertise et d'en diminuer les
« frais, en confiant à un seul expert nommé par
« toutes les parties, ou, en cas de désaccord, par le
« Président du tribunal, le soin de déterminer la va-
« leur des propriétés dont le prix ou l'estimation n'ex-
« cède pas 2,000 francs. Le Trésor comme les contri-
« buables sont intéressés à cette réforme consacrée
« par l'article 15 du projet. »

Cet article 15, auquel la commission a simplement
ajouté ces mots : « et par l'article 11 de la présente
« loi, » a été voté sans discussion. Il en résulte que,
dans le cas d'insuffisance d'évaluation dans un contrat ou dans une déclaration, soit de mutation d'immeuble en propriété ou en usufruit, à titre onéreux,
soit de succession, soit de location verbale, si le prix
porté ou l'estimation en revenu capitalisé n'excède pas
2,000 francs (quel que puisse être d'ailleurs le montant de l'insuffisance), l'expertise sera faite par un
seul expert choisi par l'administration et le contri-
buable, ou, en cas très-probable de désaccord, par le
président du tribunal de l'arrondissement de la situation des biens. — La loi ne dit pas comment sera con-

staté le choix fait par l'administration et la partie; il faudra cependant un acte de nomination de l'Expert, lequel acte lui sera signifié avec indication du jour de la prestation de serment. La loi ne dit pas non plus qui doit présenter la requête au président; mais il n'est pas douteux que c'est le directeur général de l'Enregistrement, agissant par un agent local et sans ministère d'avoué. — Sauf cette modification, la procédure sera absolument la même que pour les contrats ou déclarations au-dessus de 2,000 francs, et les dispositions des articles 18 de la loi du 22 frimaire an VII et 1er de la loi du 15 novembre 1808 restent toujours en vigueur.

Nous nous bornons donc à faire observer que si la réforme introduite dans cette partie de la législation fiscale est bonne et avantageuse, elle n'est point assez radicale; sans l'exagérer, on aurait pu, croyons-nous, l'étendre davantage sans inconvénient et adopter, par exemple, le chiffre de 5,000 francs au lieu de celui de 2,000 francs.

§ III. — INTERVENTION DES MAGISTRATS ET DU MINISTÈRE PUBLIC.

« Aucun acte ou écrit ne peut être produit en jus-
« tice sans avoir été préalablement revêtu de la for-
« malité de l'Enregistrement. Les juges, qui rendent des
« jugements sur des actes non enregistrés, sont per-
« sonnellement responsables des droits (article 47 de
« la loi du 22 frimaire an VII). Mais il faut le recon-
« naître, cette prescription de la loi est méconnue, et
« trop souvent il est donné lecture dans les audiences
« de conventions écrites, que le jugement désigne
« comme verbales.— Vainement le garde des sceaux a,

« par des circulaires, rappelé aux magistrats les pres-
« criptions qui précèdent ; vainement la loi du 11 juin
« 1859 a édicté des dispositions libérales pour l'en-
« registrement des actes de commerce, la loi fiscale
« est restée inobservée. Il est donc nécessaire aujour-
« d'hui d'avoir recours à l'autorité de la loi et d'im-
« poser aux tribunaux l'obligation d'ordonner d'office
« le dépôt au greffe des actes et écrits non enregistrés
« et produits en justice. Il a paru également qu'il
« convenait de placer sous la sauvegarde du minis-
« tère public, gardien des droits de tous, la percep-
« tion des taxes qui font partie de la fortune publique,
« et dont l'égale répartition intéresse la société tout
« entière. — Tel est le but de l'article 16 du projet
« de loi. »

La lecture de cette partie de l'Exposé des motifs,
ainsi que l'article 16 voté sans modification comme
sans discussion, nous a suggéré les deux réflexions
suivantes :

Premièrement, le reproche adressé aux magistrats
des tribunaux civils et des cours d'appel est pour le
moins exagéré, et nous avons pu nous convaincre par
nous-même des scrupules, par fois rigoureux, appor-
tés à l'application de l'article 47 de la loi du 22 frimaire an VII. Il était donc superflu de rappeler cette
obligation à ces magistrats et d'en placer l'exécution
sous la sauvegarde du ministère public : ce n'est
certes pas dans ces temps malheureux que les tribunaux et les cours seraient disposés à refuser leur concours au Gouvernement pour la réalisation de l'œuvre
de réparation qu'il a si courageusement entreprise, et
aucun stimulant n'était nécessaire.

Secondement, le reproche dont il s'agit semble devoir s'appliquer de tous points aux tribunaux de com-

merce : mais qui s'opposera à la continuation des anciens errements ? Où est le ministère public chargé de surveiller la mise en vigueur de l'article 47 prémentionné ? Comment se manifestera son intervention ? Voilà ce que la loi aurait dû dire et expliquer : la jurisprudence lui fournissait des matériaux assez importants pour lui permettre de réformer des abus au moins aussi préjudiciables au Trésor que ceux qui se produisent devant les autres juridictions.

En résumé, là où le mal est sans importance on apporte un remède surabondant, et là où le mal est profondément invétéré on n'apporte aucun remède. La disposition de notre article 16 était inutile dans le premier cas, et elle sera inefficace dans le second : tels sont ses caractères distinctifs.

§ IV. — DÉLAIS DE FAVEUR

En présence des mesures répressives et rigoureuses que nous venons d'étudier, le législateur ne pouvait se dipenser de proclamer une amnistie pleine et entière à raison des contraventions passées ; il fallait permettre aux contribuables de régulariser leur position vis-à-vis de l'État, et c'est là le but de l'article 17 de la nouvelle loi. D'après cet article, un délai de *trois mois,* à *partir* de la *promulgation de la loi* du 23 *août* 1871, est accordé :

1° Pour faire enregistrer au droit simple (c'est-à-dire sans amende ni droit en sus) *tous les actes sous seing privé* qui, en contravention à la législation sur l'enregistrement, n'auraient pas été soumis à cette formalité, et de plus, s'il s'agit de *baux à ferme ou à loyer*, le droit ne peut être perçu que sur le montant

13.

des fermages *restant à courir au jour de la promulgation de la présente loi* (1);

2° Pour faire les déclarations [des successions remontant au delà du délai légal fixé par l'article 24 de la loi du 22 frimaire an VII;

3° Pour réparer les *omissions* ou *insuffisances* d'évaluation dans les actes ou déclarations, soit qu'elles aient été relevées par les agents de l'administration, soit qu'elles n'aient point encore été découvertes; — seulement dans la première hypothèse, si des actes de poursuites avaient été signifiés, les contrevenants seraient tenus d'acquitter les frais avancés par l'administration;

4° Pour faire les déclarations des mutations *secrètes* d'immeubles effectuées sans titre, et ce, conformément à l'article 4 de la loi du 27 ventôse an IX;

5° Pour soumettre au visa pour timbre tous les actes sous signatures privées, rédigés en contravention aux lois sur le timbre.

Cet article a donné lieu à deux remarques de la part de l'Assemblée. La première, faite par M. Charpin (2), avait pour but de proroger, d'une durée égale à celle de la guerre, le délai pour acquitter les droits de mutation par décès dus par suite de successions ouvertes dans les pays envahis. M. le ministre des finances a fait observer alors qu'il était inutile d'accorder des délais à ceux qui ne les demandent pas ou qui n'en ont pas besoin, et que le Gouvernement accorde toujours ces délais quand ils sont nécessaires. Du reste, par un arrêté du 23 août 1871, jour de la

(1) Il faut reconnaître que la faveur ne pouvait être plus complète; elle n'avait jamais été ainsi accordée jusqu'à ce jour.

(2) Séance du 22 août 1871.

promulgation de la nouvelle loi, « il a été fait remise
« des demi-droits en sus non encore acquittés et exi-
« gibles à raison des déclarations de succession pas-
« sées tardivement et antérieurement à la promulga-
« tion de la loi du 23 août 1871, déclarations qui
« avaient été passées sous la réserve de ces demi-droits
« en sus, en vertu de la circulaire, du 28 février 1871,
« de M. le directeur général de l'enregistrement, en
« qualité de délégué du ministre des finances. »

La seconde remarque, faite par M. Salvy, avait pour
but d'étendre au timbre proportionnel la faveur édictée pour le timbre de dimension. Mais on a rejeté
cette proposition par les considérations suivantes, for-
mulées par la commission : « Aux termes de la loi du
« 5 juin 1850, les porteurs d'effets de commerce non
« écrits sur timbre peuvent prendre, dans certains
« cas, leur recours vis-à-vis des endosseurs de ces effets
« de commerce et ne les conserver que vis-à-vis du
« souscripteur ou du tiré qui auraient provision à
« l'échéance. On a pensé que si l'on accordait un
« délai de trois mois aux porteurs d'effets pareils pour
« les faire viser pour timbre, on compromettrait les
« droits acquis des endosseurs auxquels devraient pro-
« fiter les déchéances encourues (1). » Ainsi s'explique
l'anomalie apparente de la loi au sujet des contraventions à la législation sur le timbre.

Enfin, le délai de faveur dont nous nous occupons
ne s'applique qu'aux contraventions existant à la date
du 23 août 1871 : notre article 17 prend la précaution
de le dire formellement, afin de prévenir toute confusion ultérieure.

(1) Séance du 22 août 1871. — Discours de M. Salvy.

SIXIÈME PARTIE

―――

NOUVEAU DROIT DE TIMBRE SUR LES QUITTANCES, REÇUS OU DÉCHARGES, CHÈQUES.

―

Art. 18. — A partir du 1ᵉʳ décembre 1871, sont soumis à un droit de timbre de dix centimes :

1° Les quittances ou acquits donnés au pied des factures et mémoires, les quittances pures et simples, reçus ou décharges de sommes, titres, valeurs ou objets, et généralement tous les titres de quelque nature qu'ils soient, signés ou non signés, qui emporteraient libération, reçu ou décharge;

2° Les chèques, tels qu'ils sont définis par la loi du 14 juin 1865 et dont l'article 7 est et demeure abrogé.

Le droit est dû pour chaque acte, reçu, décharge ou quittance; il peut être acquitté par l'apposition d'un timbre mobile, à l'exception toutefois du droit sur les chèques, lesquels ne peuvent être remis à celui qui doit en faire usage sans qu'ils aient été préalablement revêtus de l'empreinte du timbre à l'extraordinaire. '

Le droit de timbre de dix centimes n'est applicable qu'aux actes faits sous signatures privées et ne contenant pas de dispositions autres que celles spécifiées au présent article.

Art. 19. — Une remise de deux pour cent sur le timbre est accordée, à titre de déchet, à ceux qui feront timbrer préalablement leurs formules de quittances, reçus ou décharges.

Art. 20. — Sont seuls exceptés du droit de timbre de dix centimes :

1° Les acquits inscrits sur les chèques, ainsi que sur les lettres de change, billets à ordre et

autres effets de commerce assujettis au droit proportionnel ;

2° Les quittances de dix francs et au-dessous,
quand il ne s'agit pas d'un à-compte ou d'une
quittance finale sur une plus forte somme ;

3° Les quittances énumérées en l'article 16 de
la loi du 13 brumaire an VII, à l'exception de
celles relatives aux traitements et émoluments des
fonctionnaires, officiers des armées de terre et de
mer, et employés salariés par l'Etat, les départements, les communes et tous établissements publics ;

4° Les quittances délivrées par les comptables
des deniers publics, celles des douanes, des contributions indirectes et des postes, qui restent
soumises à la législation qui leur est spéciale.

Toutes autres dispositions contraires sont abro-
gées.

Art. 21. — Les avertissements donnés aux
termes de la loi du 2 mai 1855, avant toute cita-
tion, devront être rédigés par le greffier du juge
de paix, sur papier au timbre de dimension de
cinquante centimes.

Art. 22. — Les sociétés, compagnies, assureurs, entrepreneurs de transports et tous autres assujettis aux vérifications des agents de l'enregistrement par les lois en vigueur, sont tenus de représenter auxdits agents leurs livres, registres, titres, pièces de recette, de dépense et de comptabilité, afin qu'ils s'assurent de l'exécution des lois sur le timbre.

Tout refus de communication sera constaté par procès-verbal, et puni d'une amende de cent francs à mille francs.

Art. 23. — Toute contravention aux dispositions de l'article 18 sera punie d'une amende de cinquante francs. L'amende sera due par chaque acte, écrit, quittance, reçu ou décharge, pour lequel le droit de timbre n'aurait pas été acquitté.

Le droit de timbre est à la charge du débiteur ; néanmoins, le créancier qui a donné quittance, reçu ou décharge en contravention aux dispositions de l'article 18, est tenu personnellement et sans recours, nonobstant toute stipulation contraire, du montant des droits, frais et amendes.

La contravention sera suffisamment établie par la représentation des pièces non timbrées et annexées aux procès-verbaux que les employés de l'enregistrement, les officiers de police judiciaire, les agents de la force publique, les préposés des douanes, des contributions indirectes et ceux des octrois, sont autorisés à dresser, conformément aux articles 31 et 32 de la loi du 13 brumaire an VII. Il leur est attribué un quart des amendes recouvrées.

Les instances seront instruites et jugées selon les formes prescrites par l'article 76 de la loi du 28 avril 1816.

Art. 24. — Un règlement d'administration publique déterminera la forme et les conditions d'emploi des timbres mobiles créés en exécution de la présente loi. Toute infraction aux dispositions de ce règlement sera punie d'une amende de vingt francs.

Sont applicables à ces timbres les dispositions de l'article 24 de la loi du 11 juin 1859.

Sont considérés comme non timbrés :

1° Les actes, pièces ou écrits sur lesquels le timbre mobile aurait été apposé sans l'accomplis-sement des conditions prescrites par le règlement d'administration publique, ou sur lesquels aurait été apposé un timbre ayant déjà servi ;

2° Les actes, pièces ou écrits sur lesquels un timbre mobile aurait été apposé en dehors des cas prévus par l'article 18.

A. — Le Gouvernement avait proposé le rétablissement du timbre sur les journaux conformément aux dispositions de la loi du 16 juin 1850 (article 16 du projet). La commission a préféré créer un impôt général sur le papier et une taxe nouvelle, sous forme de droit de timbre, à percevoir sur les quittances, reçus ou décharges, tout en assujettissant les avertissements devant le juge de paix au timbre de dimension ordinaire.

Disons-le toutefois, afin de rendre à chacun ce qui lui est dû, c'est sur la demande de MM. Louis Delille et Réné Brice qu'elle a soumis à la discussion cette dernière proposition, devenue l'article 21 et ainsi justifiée par l'un de ses auteurs : « Si nous ne nous faisons « pas illusion, la disposition que nous avons l'hon- « neur de vous proposer mettra un terme à un abus « signalé dans tout le monde judiciaire et produira « pour le Trésor une somme d'environ 2 millions à « 2 millions 500,000 francs. — Vous savez que la loi « de 1855 a rendu obligatoire les avertissements à com- « paraître devant le juge de paix. — Le demandeur « est tenu, avant de former son action, d'inviter le « défendeur à comparaître devant le juge de paix du « canton : celui-ci, il est vrai, comparaît ou ne com- « paraît pas. Pour faciliter ces prétendues tentatives « de conciliation, le législateur a abaissé le coût des

« avertissements aussi bas que possible; il l'a fixé à
« 25 centimes; et, contrairement à la loi de brumaire
« an VII, il a dispensé les greffiers de les rédiger sur
« timbre. — Ces facilités ont donné lieu à de véri-
« tables abus contre lesquels il faut réagir. Sans mo-
« tifs suffisants, pour satisfaire une pensée de tracas-
« serie ou une pensée de mauvaise humeur, des
« avertissements de comparaître ont été souvent
« donnés; sans doute, le défendeur peut ne pas com-
« paraître; mais l'action judiciaire est mise, avec pré-
« judice pour la dignité de la justice, en mouvement.
« — En 1852, le chiffre annuel des avertissements s'é-
« levait à 2,836,000; depuis la loi de 1855 il s'est élevé
« à 7,000,000. Sur ce chiffre, la moitié à peine des
« défendeurs cités à comparaître ne comparaissent
« pas; sur le quart à peine des avertissements inter-
« viennent des conciliations. Les greffiers sont assaillis
« de demandes, et dans certains cantons leur temps
« est absorbé, au préjudice de leurs occupations judi-
« ciaires habituelles, par la rédaction de ces avertisse-
« ments pour lesquels il ne reçoivent que 15 centimes
« d'honoraires. Il y a là un abus qui est signalé par-
« tout. Vous ferez disparaître en partie cet abus, et
« vous procurerez au Trésor une somme qui ne sau-
« rait être évaluée à moins de 2,500,000 francs, en dé-
« cidant que, conformément à la loi de brumaire
« an VII, les avertissements seront rédigés sur timbre.
« — Nous vous demandons, d'accord avec la commis-
« sion, d'adopter notre proposition. » (Appuyé! appuyé! aux vois! aux voix!) (1).

B. — Examinons maintenant les articles 18, 19, 20,
22, 23 et 24. — D'après les articles 12 et 16 de la loi du
13 brumaire an VII, les quittances, reçus ou dé-

(1) Séance du 22 août 1871.

charges de sommes excédant 10 francs devaient être écrits sur papier timbré de dimension; mais les contraventions étaient innombrables. Aujourd'hui ces écrits ne sont plus soumis qu'à un droit spécial de dix centimes, droit établi particulièrement « sur les dé- « clarations libératoires partout où elles se pro- « duisent. »

Ce caractère saillant de la nouvelle taxe nous est révélé par le Rapporteur de la commission, répondant à M. de Soubeyran qui lui reprochait de ne pas respecter la loi du 14 juin 1865 portant exemption des droits de timbre en faveur des chèques pendant dix ans. « Vous allez voir, disait M. Mathieu Bodet, com- « ment nous avons entendu respecter les engagements « antérieurs; voici comment nous avons raisonné : « Nous avons dit et nous reconnaissons que les titres « qui se présentent sous la forme d'un chèque ne « doivent être frappés d'aucun droit de timbre, pas « plus d'un droit proportionnel que d'un droit fixe.

« Mais quel est le droit que nous établissons main- « tenant? (Bruit).

« Messieurs, ce que je vais dire n'est pas une sub- « tilité, cela est très-sérieux.

« Le droit de *quittance* et le droit de *timbre* sur les « titres se confondent-ils? Non, messieurs, et la preuve, « c'est que les titres *qui sont assujettis* au *droit de timbre* « n'en *sont* pas *moins soumis* au *droit* de *quittance*, s'ils « n'en ont pas été expressément exemptés; par consé- « quent, le chèque qui a été affranchi du droit de « timbre par la loi de 1865 doit dans les conditions « d'un titre qui aurait donné lieu à la perception du « droit, et, comme *les autres titres timbrés*, doit être as- « sujetti au droit proportionnel de dix centimes, qui « est *un droit de quittance.*

« Voilà ce que nous avons entendu faire; par con-

« séquent, nous n'avons point eu l'intention de violer
« l'article 7 de la loi de 1865.

« Pourquoi avons-nous assujetti les chèques au
« droit fixe de quittance de dix centimes ? Parce que
« nous avons voulu atteindre *tous les reçus*, sans
« autres exceptions que celles qui sont contenues dans
« la loi. Cet impôt ne sera productif qu'à la condition
« qu'il sera général. Si vous voulez faire des distinc-
« tions plus ou moins légitimes, plus ou moins justi-
« fiées, vous ne savez pas où vous vous arrêterez, et vous
« manquerez le but que vous voulez atteindre (1). »

Ainsi, en principe, tous les acquits donnés au pied
des factures et mémoires, toutes quittances pures et
simples, reçus ou décharges de sommes, titres, valeurs...
signés ou non signés, apposés sur des écrits timbrés ou
non timbrés, sont assujettis à la taxe libératoire de dix
centimes édictée par notre article 18; et, en outre, il
est dû un droit particulier sur chaque acte, reçu, décharge ou quittance, sans qu'il y ait à se préoccuper de
la question de savoir s'il s'agit d'un à-compte ou d'une
somme entière (2). Dès lors, entre autres conséquences, les quittances de prix de vente et celles de remboursement de contrats de constitution ou d'obligation ne pourront plus être mises sur les expéditions
ou grosses des actes; et si l'on donne, sur la même

---

(1) Séance du 22 août 1871.
(2) On avait proposé d'excepter les à-compte, en disant que
le malheureux, qui ne peut payer sa dette qu'en plusieurs fois,
ne doit pas payer plus d'impôt que celui qui a la faculté de
se libérer en une seule fois. (Amendement de M. Pagès-Du-
port, — Séance du 22 août 1871.) — Malgré l'excellence de ce
motif, on est forcé de reconnaître qu'une telle exception aurait
été la source de fraudes continuelles; c'est sans doute pour
cela qu'elle a été rejetée.

11.

feuille de papier, plusieurs quittances relatives à une même créance ou à un seul terme de fermage ou de loyer, il est indispensable d'acquitter chaque fois le droit de dix centimes.

Aux reçus, décharges, quittances, la loi a ajouté les chèques, avons-nous dit, et elle a abrogé l'article 7 de la loi du 14 juin 1865, ainsi conçu : « Les chèques « sont exempts de *tout droit de timbre* pendant dix ans.» — M. de Soubeyran avait proposé de remplacer le second paragraphe de notre article 18 par la disposition suivante : « Les chèques, tels qu'ils sont définis par la « loi du 14 juin 1865, ne seront soumis au timbre de « dix centimes qu'à partir de 1876. » Nous regrettons de ne pouvoir reproduire les considérations parfaitement développées à l'appui de cet amendement et si bien appréciées, d'ailleurs, par le Rapporteur de la Commission lui-même : « Je reconnais, dit-il, que les « observations économiques qui ont été présentées « tout à l'heure par l'honorable M. de Soubeyran sont « très-sérieuses. — Si l'Assemblée pense qu'un droit « de dix centimes sur le reçu, car le chèque, qui est « un titre de créance pendant qu'il est dans les mains « du bénéficiaire, devient un reçu quand il a été ac- « quitté, quand il est dans la caisse de l'établissement « dépositaire ; si l'Assemblée, dis-je, croit que ce droit « fixe de dix centimes est de nature à entraver, à gê- « ner ce courant qui s'est établi, qui porte les capitaux « oisifs dans les caisses des établissements dépositaires « où ils deviennent productifs, il ne faut pas l'établir, « il faut en affranchir les chèques sans hésiter.— Nous « devons encourager ces dépôts par les raisons ex- « cellentes qui ont été données tout à l'heure par « l'honorable M. de Soubeyran, raisons auxquelles « j'ai applaudi de tout cœur.

« Si le droit de quittance entrave réellement ces

« dépôts, vous avez raison, il ne faut pas l'établir. —
« Mais nous avons examiné cette question, nous avons
« pensé que le droit de dix centimes, qui est un droit
« vraiment bien minime, ne changera nullement son
« habitude. Nous avons pour la plupart des comptes
« courants dans des établissements dépositaires; nous
« faisons chaque jour usage de chèques, et pour moi,
« je déclare que ce droit de dix centimes ne m'y fera
« pas renoncer. — Si vous pensez que ce droit ne peut
« mettre un obstacle sérieux à ces dépôts, vous main-
« tiendrez ce droit de quittance; si, au contraire, vous
« croyez qu'il peut les entraver, vous ne le consacre-
« rez pas par votre vote. (Très-bien ! très-bien !) (1) »
— Malgré la réponse de M. de Soubeyran, insistant
vivement sur ce qu'on ne devait pas violer les engagements pris en 1865, les chèques ont été définitivement
taxés à dix centimes, comme les reçus, décharges et
quittances.

Viennent ensuite les rares exceptions apportées au
principe général écrit dans l'article 18. Ces exceptions
sont les suivantes :

1° Acquits inscrits sur les chèques, lettres de
change, billets à ordre et autres effets de commerce
assujettis au droit proportionnel; — dans cette catégorie ne figurent point, croyons-nous, les billets simples, ou effets non commerciaux ni négociables, dont
nous avons parlé plus haut : les acquits donnés sur
ces billets sont assujettis au droit de dix centimes,
aussi bien que les quittances inscrites sur des actes ou
titres rédigés sur papier timbré de dimension;

2° Quittances de dix francs et au-dessous, quand il

(1) Séance du 22 août 1871.

ne s'agit pas d'un à-compte ou d'une quittance finale sur une plus forte somme (1);

3° Quittances des contributions directes et des droits d'enregistrement; il s'agit ici simplement des quittances d'impôts ordinaires délivrées par les percepteurs et des relations d'enregistrement inscrites sur les actes par les receveurs; — quant aux quittances des contributions indirectes et des douanes, elles sont déjà frappées d'un droit de timbre spécial; — enfin les quittances délivrées par les agents des postes et les comptables des deniers publics sont assujetties, ainsi que nous l'avons dit, au droit de 25 centimes, au lieu de 10 centimes;

4° Quittances de secours payés aux indigents et d'indemnités pour incendies, épizooties et autres cas fortuits; quittances pour prêts et fournitures concernant les gens de guerre, tant pour le service de terre que pour le service de mer... énumérées dans l'article 16 de la loi du 13 brumaire an VII (2), à l'exception toutefois des quittances relatives aux *traitements,* aux émoluments *de fonctionnaires, officiers de terre et de mer, employés et salariés par l'État, les départements, les communes et tous établissements publics;* — d'où la conséquence qu'à chaque mandat, à chaque émargement, à chaque réception de portion de traitement, remises, émoluments, la partie prenante, d'après le principe relatif aux à-compte, devra acquitter la taxe de dix centimes.

Il était impossible de limiter plus strictement qu'on

(1) C'est la reproduction de l'art. 16 de la loi du 13 brumaire an VII.

(2) D'après tout ce qui précède, les taxes à témoins, indemnités aux jurés... dépassant *dix francs,* ne seraient point exemptes du droit de dix centimes.

ne l'a fait le nombre des exceptions à la règle très-générale établie pour la perception du nouveau droit de timbre dont il s'agit. Cette perception, au surplus, s'effectuera de la manière la plus simple et la plus facile, car il suffira d'apposer un timbre mobile en se conformant à quelques prescriptions sans importance. Néanmoins les chèques ne pourront être remis à ceux qui devront en faire usage sans avoir été revêtus de l'empreinte du timbre extraordinaire.

Les particuliers, du reste, qui désireraient user de ce moyen (obligatoire pour les chèques), peuvent sans inconvénient soumettre à l'administration leurs formules de quittances, reçus ou décharges; et même il leur est accordé, d'après l'article 19, une remise de 2 pour 100 à titre de déchet.

Reste enfin la sanction apportée à la disposition de notre article 18. Cette sanction consiste en une amende de cinquante francs (non compris les décimes), pour chaque acte, écrit, quittance, reçu, décharge, non assujettis au nouveau droit de dix centimes; et, bien que ce droit soit à la charge du débiteur (1), le créancier qui a donné une quittance, un reçu, une décharge, sans employer le timbre prescrit, est, d'après l'article 23, « tenu personnellement et sans recours du « montant des droits, frais et amendes. »

Les contraventions sont constatées par les employés de l'enregistrement, les officiers de police judiciaire, les agents de la force publique, les préposés des

(1) Il n'en est plus ainsi néanmoins quand c'est l'État lui-même qui est débiteur ; mais alors on tombe sous l'application de l'art. 29 de la loi du 13 brumaire an VII, dont voici la teneur : « Le timbre des quittances fournies à la République, ou délivrées en son nom, est à la charge des particuliers qui les donnent ou les reçoivent ; il en est de même pour tous autres actes entre la République et les citoyens. »

douanes, des contributions indirectes, des octrois...
Des procès-verbaux sont rédigés en conformité de l'article 31 de la loi du 13 brumaire an VII ainsi conçu :
« Les préposés de la régie sont autorisés à retenir les
« actes, registres ou effets en contravention à la loi du
« timbre, qui leur seront présentés, pour les joindre
« aux procès-verbaux qu'ils en rapporteront, à moins
« que les contrevenants ne consentent à signer lesdits
« procès-verbaux, ou à acquitter sur-le-champ l'amende
« encourue et le droit de timbre. » — La loi nouvelle
porte, d'ailleurs, que « la contravention sera suffisam-
« ment prouvée par la représentation des pièces non
« timbrées et annexées aux procès-verbaux, » disposition ainsi expliquée par le Rapport de la Commission :
« La loi ne demande pas compte aux agents des
« *moyens par lesquels ils se sont procuré* les pièces qui
« constatent la contravention... » On comprend sans
peine que nous ne puissions donner notre assentiment
à ces expressions dictées par un zèle exagéré ! Nous ne
saurions, non plus, donner notre assentiment à l'allocation *du quart de l'amende encourue et recouvrée* aux
employés de l'enregistrement, et nous croyons devoir protester, au nom de ces honorables fonctionnaires, contre cette mesure irréfléchie. Les employés
de l'enregistrement n'avaient nullement besoin d'un
pareil stimulant pour concourir à l'exécution de la
loi ; ils auraient fait leur devoir purement et simplement, comme ils l'ont toujours fait jusqu'à ce jour ;
ils n'auraient écouté que leur patriotisme. Sans leur
assigner une position sociale trop élevée, la Commission aurait pu se faire une idée plus exacte de leur caractère et ne pas leur attribuer une prime qui les déterminera certainement à s'abstenir de la rédaction de
tout procès-verbal de cette nature.

Quant aux instances relatives aux contraventions

dont il s'agit, elles sont instruites et jugées, dit l'article 23, selon les formes prescrites par l'article 76 de la loi du 28 avril 1816. — Voici le texte de cet article qui contient, du reste, un principe assez peu connu, au sujet du décès des contrevenants, et qu'il ne faut pas perdre de vue : « Le recouvrement des droits de « timbre et des amendes de contravention y relatives « sera poursuivi par voie de contrainte ; et, en cas « d'opposition, les instances seront instruites et jugées « selon les formes prescrites par les lois des 22 frimaire « an VII et 27 ventôse an IX sur l'enregistrement. — « *En cas de décès des contrevenants*, lesdits droits et « amendes seront dûs par *leurs successeurs*, et jouiront, « soit dans les successions, soit dans les faillites ou « tous autres cas, du *privilége des contributions directes.* »

N'oublions pas de rappeler l'amende de vingt francs édictée pour toute infraction aux dispositions du règlement d'adminisatrtion publique déterminant l'emploi des *timbres mobiles* de dix centimes.

La loi déclare, en outre, que : « sont considérés « comme *non timbrés* tous actes, pièces ou écrits tim-« brés sans l'accomplissement de ces dispositions, ou « revêtus d'un timbre ayant déjà servi, ou ne se trou-« vant pas dans l'un des cas prévus par notre article « 18. » Enfin elle applique aux timbres mobiles dont il s'agit l'article 21 de la loi du 11 juin 1859 portant : « Ceux qui auront sciemment employé, vendu ou « tenté de vendre des timbres mobiles ayant déjà « servi seront poursuivis par le tribunal correction-« nel et punis d'une amende de 50 fr. à 1,000 fr. En « cas de récidive, la peine sera d'un emprisonnement « de cinq jours à un mois, et l'amende sera doublée.

« Il pourra être fait application de l'article 463 du code
« pénal (1)... »

Mentionnons aussi le droit accordé, par l'article 22,
aux préposés de l'enregistrement de prendre communi-
nication des livres, registres, titres, pièces de recette
et de comptabilité, qui se trouvent chez les assureurs,
sociétés, compagnies, entrepreneurs de transports.....,
afin que ces préposés puissent s'assurer de l'exécution
de la législation sur le timbre. — Ce droit n'est pas
nouveau. En effet, aux termes de l'article 6 du décret
du 13 août 1810, relatif à la vente des objets confiés
aux entrepreneurs de roulage et de messageries, ces
agents avaient la faculté de vérifier les registres tenus
par les entrepreneurs ; — d'après l'article 9 du décret
du 17 juillet 1857, rendu pour l'exécution de la loi du
23 juin 1857 concernant le droit de transmission sur
les actions et obligations des compagnies, sociétés et
entreprises françaises et étrangères, ils devaient prendre, au siége ou établissement de chaque société, la
communication de tous registres ou répertoires ; —
nous avons déjà fait connaitre les dispositions des articles 35 et 47 de la loi du 5 juin 1850 ayant pour objet les vérifications à faire chez les sociétés, compagnies d'assurances, assureurs, courtiers et notaires, —
et, selon l'article 10 de la loi du 13 mai 1863, il est
formellement prescrit de faire la visite des registres
des compagnies de chemins de fer pour l'application
de l'impôt spécial aux récépissés. — Ainsi le droit de
l'administration de l'enregistrement n'est que consacré une fois de plus ; seulement il l'est sous la sanction
d'une pénalité uniforme et applicable à tous les cas,
c'est-à-dire une amende de 100 francs à 1,000 fr. (en

(1) Code général des lois françaises. Supplément de 1659,
nº 164.

principal), prononcée sur le procès-verbal constatant le refus de communication.

Faisons remarquer enfin que les prescriptions concernant le timbre des quittances, reçus, décharges, chèques,... ne sont exécutoires qu'à partir du 1ᵉʳ décembre 1871. Par conséquent, trois époques distinctes sont fixées pour l'exécution de la nouvelle loi : 1ᵒ 1ᵉʳ octobre 1871 pour les déclarations de locations verbales à faire en conformité de l'article 11 ; 2ᵒ 1ᵉʳ décembre 1871 pour les reçus, quittances ou décharges dont s'occupe l'article 18 ; 3ᵒ immédiatement pour toutes les autres dispositions, quelles qu'elles soient. Or, d'après un décret du 5 novembre 1870, modificatif de l'article 1ᵉʳ du code civil et des ordonnances des 27 novembre 1816 et 18 janvier 1817, la loi est devenue obligatoire à Paris un jour franc après son insertion au *Journal officiel* du 25 octobre 1871, et, partout ailleurs, dans l'étendue de « chaque arrondissement un « jour franc après l'arrivée du *Journal officiel* au « chef-lieu. »

CONCLUSION

La loi nouvelle sur l'Enregistrement, discutée du 11 au 23 août 1871, a été l'objet d'un travail sérieux, approfondi, intelligent; et il y a bien longtemps que ces questions fiscales, si difficiles et si ardues, n'avaient été traitées avec autant de science, avec autant de jugement. Toutefois, nous considérons comme un devoir de le déclarer, ce grand œuvre de patriotisme, accompli par le Gouvernement, la Commission et l'Assemblée nationale, pouvait être plus efficace, plus fécond en résultats qu'il ne le sera réellement. Les réformes introduites dans le système de la perception des droits ne sont point assez radicales, assez complètes; elles ne constituent, à vrai dire, que des demi-mesures qui ne permettront point de réaliser entièrement le progrès que l'on a eu en vue. Qu'il nous soit permis notamment de demander pourquoi l'on n'a rien fait pour réglementer l'acte sous signature privée contenant transmission de propriété ou d'usufruit de biens immeubles.... — Personne n'ignore combien cet acte est nuisible aux intérêts du Trésor par suite des fraudes excessives qu'il renferme, et cependant, dans le cours de ces discussions si remarquables sur les dissimulations, pas une voix ne s'est élevée pour proposer une disposition destinée à le restreindre dans de justes limites. On n'a songé qu'aux notaires, on a voulu, un instant, écrire le mot *destitution* dans la loi, et l'on a entièrement oublié la source véritable de ces abus contre lesquels on s'est emporté avec tant de courage, avec tant d'énergie. — Ne pouvait-on pas, alors que l'occasion était si bien choisie, ne pouvait-on pas entraver l'action pernicieuse des *faiseurs de contrats à bon marché*, en déclarant que l'acte de mutation d'immeubles ne pourra être sous seing privé, s'il n'est rédigé par l'une des parties contractantes? Ne pouvait-on pas exiger la représentation, au moment de la formalité de l'enregistrement, des *doubles* prescrits par le Code civil? Ne pouvait-on pas déterminer la forme extérieure des actes sous signature privée au point de vue de l'emploi du papier timbré?

Nous pourrions signaler d'autres lacunes encore; mais nous n'insisterons pas davantage. En résumé, la loi du 23 août 1871 est une bonne loi; ses imperfections se révèleront d'elles-mêmes lors de l'application et, nous en sommes bien convaincu, le Gouvernement s'empressera de les faire disparaître. En attendant, que chacun fasse son devoir! que chacun obéisse à toutes ces prescriptions nouvelles qui ont été dictées bien plus par l'amour de la justice que par la nécessité! que chacun enfin paye **consciencieusement** sa dette et contribue loyalement à l'affranchissement de notre malheureuse France!!!

APPENDICE

EXTRAIT DE LA LOI DE FINANCES DU 16 SEPTEMBRE 1871
PROMULGUÉE LE 2 OCTOBRE 1871

Art. 11. — A dater du 15 octobre 1871, les droits de 20 centimes pour 100 francs de la valeur négociée sur les titres nominatifs, et de 12 centimes sur les titres au porteur, établis par l'article 6 de la loi du 23 juin 1857, sont respectivement élevés à 50 centimes et 15 centimes.

Ces droits seront applicables à la transmission des obligations des départements, des communes, des établissements publics et de la société du Crédit foncier.

La première partie de cet article, qui devait être

13.

l'article 24 de la loi du 23 août 1871, est due à l'initiative de M. Raudot. « Messieurs, disait l'honorable
« représentant (1), vous avez voté tous ces jours-ci des
« droits de mutation des immeubles : ces droits ont
« été encore augmentés par les décimes, et vous avez
« à peu près 7 pour 100 de droits de transmission sur
« les immeubles.

« Maintenant, quel est le droit qui porte sur la
« transmission des valeurs mobilières? Pendant très-
« longtemps, jusqu'en 1857, je crois, les transmissions
« des valeurs mobilières n'ont rien payé du tout.
« M. Magne, ministre des finances, a proposé de faire
« payer un droit de transmission pour certaines va-
« leurs mobilières, comme les actions et les obliga-
« tions de chemins de fer ou d'autres sociétés fran-
« çaises ou étrangères. C'était là une assez grande
« innovation; elle a reçu l'assentiment universel;
« mais on est entré dans cette voie en établissant seu-
« lement un droit de 24 centimes pour cent, y com-
« pris les décimes, sur les valeurs nominatives.

« Qu'est-ce que cela représente vis-à-vis des droits
« de transmission sur les immeubles? Cela représente
« à peu près le quarantième des droits qu'on fait payer
« aux immeubles. Cet article étant voté, ce droit a
« déjà rapporté à l'État, en 1868, 8 millions et demi
« sur les valeurs françaises, et plus de deux millions
« sur les valeurs étrangères.

« Ce petit droit, qui est si peu de chose en compa-
« raison des droits sur les immeubles, je propose au-
« jourd'hui de le doubler sans rien changer à sa per-
« ception, à ses bases, et je vous ferai remarquer à
« cette occasion que vous avez doublé ou que vous
« allez doubler beaucoup d'impôts, et que celui que je

(1) Séance du 23 août 1871.

« vous propose de doubler sera encore extrêmement
« minime en comparaison des droits de transmission
« que vous faites peser sur les immeubles, car les va-
« leurs industrielles et mobilières payeront encore à
« peu près vingt fois moins.

« Eh bien, messieurs, y a-t-il la moindre difficulté
« à voter une chose aussi simple, aussi claire, aussi
« juste que celle-là? En vérité, il est évident qu'il faut
« voter tout de suite.

« Quant à l'ajournement dont on parlait tout à
« l'heure, je vous ferai remarquer qu'ajourner en ma-
« tière d'impôts nouveaux est la chose du monde la
« plus déplorable, car vous ajournez les recettes en
« ajournant le vote des articles ou des amendements.

« Je ne conçois pas comment, lorsque, le mois der-
« nier, on nous a fait voter *hic et nunc* dans la même
« journée des impôts très-considérables, en nous disant
« il y a nécessité pour le Trésor, qu'on vienne nous
« dire aujourd'hui, quand je présente un amende-
« ment, ajournons! Et ajourner à quand, messieurs?
« Est-ce que c'est après nos vacances? Il est presque
« impossible que les affaires dont on parle viennent
« avant les vacances; il se passera donc plusieurs
« mois, et pendant ce temps-là il y aura peu de re-
« cettes, en supposant que l'on consente à la fin à
« adopter mon amendement dans le sein de la Com-
« mission du budget.

« L'Assemblée elle-même doit immédiatement voter
« cet amendement que je propose; le Trésor y trou-
« vera une recette considérable, qui ne peut pas être
« moindre de 9 millions, et qui, en somme, ne coû-
« tera rien à percevoir, qui n'attaquera aucun intérêt
« général, qui n'aura que des avantages. »

L'amendement de M. Randon fut néanmoins renvoyé à la Commission du budget. Lors de la reprise

de la discussion (1), il fut adopté sans contestation, malgré la nouvelle proposition d'ajournement formulée par M. de Soubeyran. Et, de plus, l'impôt fut étendu aux obligations des Départements, des Communes, des Établissements publics et du Crédit foncier. — Cette extension, œuvre de la Commission, est éminemment équitable et rationnelle.

Enfin, un membre, M. Mounot-Arbilleur, avait demandé d'ajouter à la nomenclature qui précède « toutes les rentes françaises ». Mais cette demande a été rejetée sur ces paroles imposantes de M. Pouyer-Quertier, ministre des finances : « La Commission a « examiné cet amendement et elle l'a rejeté ; le Gou- « vernement s'associe à la Commission pour repous- « ser un impôt quelconque sur la rente française « (Très-bien ! très-bien !). Ce n'est pas quand nous ve- « nons de nous adresser au public pour un emprunt « qu'il a souscrit dans des conditions déterminées, que « nous pouvons aujourd'hui manquer à nos engage- « ments. — (Nouvelle approbation.) »

Quelques explications suffiront pour faire comprendre toute l'importance de la nouvelle disposition. — L'article 6 de la loi du 23 juin 1857 est ainsi conçu : « Indépendamment des droits établis par le titre II de « la loi du 5 juin 1850 (2), toute cession de titres ou « promesse d'actions et d'obligations dans une société, « compagnie ou entreprise quelconque, financière, in- « dustrielle, commerciale ou civile, quelle que soit la « date de sa création, est assujettie, à partir du 1er juil- « let 1857, à un droit de transmission de vingt centi-

____

(1) Séance du 14 septembre 1871.
(2) Droits de timbre payables selon le mode prescrit par les art. 22 et 31, et conformément à l'art. 11 du décret du 17 juillet 1857. (Voir *suprà*, valeurs mobilières étrangères.)

« mes par cent francs de la valeur négociée. — Ce
« droit, pour les titres au porteur, et pour ceux dont
« la transmission peut s'opérer sans un transfert sur
« les registres de la Société, est converti en une taxe
« annuelle et obligatoire de douze centimes par cent
« francs du capital desdites actions et obligations,
« évalué par leur cours moyen pendant l'année précé-
« dente, et, à défaut de cours dans cette année, con-
« formément aux règles établies par les lois sur l'en-
« registrement (1). »

Ainsi, aux termes du paragraphe 1er de la nouvelle
disposition, les cessions de titres ou promesses d'actions
et obligations dans une société, compagnie ou entreprise quelconque, financière, industrielle, commerciale
ou civile, seront assujetties dorénavant soit au droit
de cinquante centimes pour cent de la valeur négociée,
pour les titres nominatifs, soit au droit de quinze centimes pour cent, payable annuellement, pour les titres
au porteur et ceux dont la transmission peut s'opérer
sans un transfert sur les registres de la société. — Et,
aux termes du second paragraphe de cette disposition,
les mêmes droits seront exigibles pour toute transmission d'obligations des départements, des communes,
des établissements publics et du Crédit Foncier. Par
suite, les préfets, les maires et les administrateurs des
établissements publics, ainsi que de la société du Crédit Foncier, devront se conformer aux prescriptions
de la loi du 23 juin 1857 et du décret du 17 juillet 1857,
que nous croyons utile de faire connaître et de reproduire ici.

A. — *Décret du 17 juillet 1857.* — Art. 1er. — « Les

(2) Code général des lois françaises. Supplément de 1857,
nº 62.

.« compagnies, sociétés et entreprises, dont les actions
« et obligations sont assujetties au droit de transmis-
« sion établi par l'article 6 de la loi du 23 juin 1857,
« seront tenues de faire, au bureau de l'enregistrement
« du lieu où elles auront le siége de leur principal
« établissement, une déclaration constatant : 1° L'ob-
« jet, le siége et la durée de la société ou de l'entre-
« prise; — 2° La date de l'acte constitutif et celle de
« l'enregistrement de cet acte ; — 3° le nom des direc-
« teurs ou gérants; — 4° le nombre et le montant des
« titres émis, en distinguant les actions des obliga-
« tions, et les titres nominatifs des titres au porteur.
« — Cette déclaration devra être faite avant le 15 août
« prochain (1) pour les compagnies et entreprises exis-
« tantes au jour de la promulgation de la loi du
« 23 juin 1857, et dans le mois de leur constitution
« définitive pour les sociétés, compagnies et entreprises
« qui se formeront postérieurement. — En cas de mo-
« difications dans la constitution sociale, de change-
« ments de siége, de remplacement du directeur ou
« gérant, d'émission de titres nouveaux, lesdites so-
« ciétés, compagnies et entreprises devront en faire la
« déclaration, dans le délai d'un mois, au bureau qui
« aura reçu la déclaration primitive.

Art. 2. — « Le droit de vingt centimes (aujourd'hui
« cinquante centimes) par cent francs, établi par les
« articles 6 et 8 de la loi du 23 juin 1857 sur les trans-
« ferts des actions et obligations nominatives, ainsi
« que sur les conversions de titres, sera acquitté,
« conformément à l'article 7 de la même loi, par les

---

(1) La déclaration à faire au nom des départements, communes, établissements publics et du Crédit foncier, doit avoi
lieu avant le 15 novembre prochain.

« sociétés, compagnies et entreprises, au bureau de
« l'enregistrement du siége social, *après l'expiration de*
« *chaque trimestre, et dans les vingt premiers jours du*
« *trimestre suivant*. — Le relevé des transferts et des
« conversions sera remis au receveur de l'enrégis-
« trement lors de chaque versement. — Ce relevé énon-
« cera : — 1° La date de chaque opération ; — 2° Les
« noms, prénoms et domicile du cédant et du cession-
« naire ou du détenteur des titres convertis ; — 3° La
« désignation et le nombre des actions et obligations
« transférées ou converties ; — 4° Le prix de chaque
« transfert ou la valeur des actions et obligations con-
« verties ; — 5° Le total, en toutes lettres, de la somme
« soumise au droit de vingt centimes par cent francs.

Art. 3. — « La valeur des actions et obligations
« converties sera établie, pour celles cotées à la Bourse,
« d'après le dernier cours moyen constaté avant le
« jour de la conversion, et, pour les autres, conformé-
« ment à l'article 16 de la loi du 22 frimaire an VII (1).
« — A l'égard des actions et obligations dont la con-
« version aura été opérée sans payement de droits, en
« exécution du dernier paragraphe de l'article 8 de la
« loi du 23 juin 1857, les sociétés, compagnies et en-
« treprises remettront au receveur de l'enregistrement
« un état indicatif du nombre de ces titres dans les
« vingt jours qui suivront l'expiration du délai ac-
« cordé pour la conversion gratuite.

Art. 4. — « Les transferts faits à titre de garantie,
« et n'emportant pas transmission de propriété, feront

(1) Cet article est ainsi conçu : « Si les sommes et valeurs
ne sont pas déterminées dans un acte ou un jugement donnant lieu au droit proportionnel, les parties seront tenues d'y
suppléer avant l'enregistrement, par une déclaration estimative, certifiée et signée au pied de l'acte. »

« l'objet d'un état spécial joint au relevé trimestriel
« qui doit être remis au receveur de l'enregistrement,
« conformément à l'article 2 du présent règlement. —
« Il ne sera pas tenu compte de ces transferts dans la
« liquidation des droits.

Art. 5, — « Pour l'acquittement de la taxe établie
« sur les titres au porteur et ceux dont la transmission
« peut s'opérer sans un transfert sur les registres, les
« sociétés formeront un état distinct des actions et
« des obligations de cette nature existantes au dernier
« jour de chacun des trimestres de janvier, avril, juil-
« let et octobre, et elles le déposeront entre les mains
« du receveur de l'enregistrement du lieu de l'établis-
« sement. — Cet état mentionnera le cours moyen
« pendant l'année précédente des actions et obligations
« cotées à la Bourse. A l'égard de celles non cotées dans
« le cours de cette année, il contiendra une déclaration
« estimative faite conformément à l'article 16 de la loi
« du 22 frimaire an VII. — La taxe sera payée *dans*
« *les vingt jours qui suivront l'expiration de chaque tri-*
« *mestre*, et perçue, pour le trimestre entier, d'après la
« situation établie conformément au premier para-
« graphe du présent article. — En ce qui concerne les
« compagnies qui seront créées à l'avenir, après l'ou-
« verture du trimestre, le droit ne sera liquidé, pour la
« première fois, que proportionnellement au nombre
« de jours écoulés depuis leur constitution.

Art. 6.—«Les états, relevés et déclarations qui seront
« fournis au receveur de l'enregistrement, conformé-
« ment aux articles précédents, seront certifiés vérita-
« bles par les directeurs ou gérants des sociétés, com-
« pagnies ou entreprises. — Dans ces états, relevés et
« déclarations, comme pour la perception des droits,

« il ne sera fait aucune déduction des sommes restant
« à verser sur les actions et obligations non-libérées.

« Art. 7. — Le cours moyen qui, suivant l'article 6
« de la loi du 23 juin 1857, doit servir de base à la
« perception de la taxe sur les titres au porteur, sera
« établi en divisant la somme des cours moyens de
« chacun des jours de l'année par le nombre de ces
« cours. — A l'égard des valeurs cotées dans les
« bourses des départements et à la bourse de Paris, il
« sera tenu compte exclusivement des cotes de cette
« dernière bourse pour la formation du cours moyen.

« Art. 8. — Les titres au porteur des sociétés nou-
« vellement formées ne supporteront la taxe, dans le
« courant de la première année de leur constitution,
« que d'après une déclaration estimative, faite par ces
« sociétés, de la valeur de leurs titres, conformément
« à l'article 16 de la loi du 22 frimaire an VII (1).

« Art. 12.— En cas d'infraction aux dispositions du
« présent règlement, ou de retard, soit dans le paye-
« ment des droit, soit dans le dépôt des états, relevés
« et déclarations prescrits par les articles précédents,
« les sociétés, compagnies et entreprises seront passibles
« de l'amende prononcée par l'article 10 de la loi du
« 22 frimaire an VII (droit en sus), pour omission ou
« insuffisance de déclaration. — En cas d'omission
« ou d'insuffisance dans les états, relevés et déclara-
« tions, la preuve en sera faite comme en matière
« d'enregistrement. — Les dispositions du présent

---

(1) L'art. 9 a trait au droit de prendre communication des
registres... accordé aux préposés de l'enregistrement ; nous
en avons suffisamment parlé. — Les art. 10 et 11 ont été
transcrits plus haut. (Voir seconde partie, valeurs mobilières
étrangères.)

16

« article seront applicables aux sociétés, compagnies
« ou entreprises étrangères, et à leurs représen-
« tants » (1).

B. — *Loi du 23 Juin* 1857. — (2) « Art. 7. — Le
« droit pour les titres nominatifs, dont la transmission
« ne peut s'opérer que par un transfert sur les regis-
« tres de la société, est perçu, au moment du transfert,
« pour le compte du Trésor, par les sociétés, compa-
« gnies et entreprises, qui en sont constituées débitri-
« ces par le fait du transfert. — Le droit sur les ti-
« tres au porteur et pour ceux dont la transmission
« ne peut s'opérer sans un transfert sur les registres
« de la société est payable par trimestre, et avancé par
« les sociétés, compagnies ou entreprises, sauf recours
« contre les porteurs des dits titres. . . . .
. . . .
. . . .

« Art. 8. — Dans les sociétés qui admettent le titre
« au porteur, tout propriétaire d'actions et d'obligations
« a toujours la faculté de convertir ses titres au por-
« teur en nominatif, et réciproquement. — Dans l'un
« et l'autre cas, la conversion donne lieu à la percep-
« tion du droit de transmission. — Néamoins pen-
« dant un délai de *trois mois*, à *partir* de la mise à *exé-*
« *cution de la présente loi*, la conversion des actions et
« obligations au porteur, en actions et obligations no-
« minatives, sera affranchie de tout droit (3).

(1) Code général des lois françaises. Supplément de 1857,
n° 67.

(2) Code général des lois françaises. Supplément de 1857,
n° 62.

(3) L'art. 9, relatif aux actions et obligations étrangères, a
été reproduit *suprà*, seconde partie, valeurs mobilières étrangères.

« Art. 10. — Toute contravention aux précédentes
« dispositions et à celles des règlements qui seront
« faits pour leur exécution (1) est punie d'une amende
« de cent francs à cinq mille francs, sans préjudice
« des peines portées par l'article 39 de la loi du 22 fri-
« maire an VII (droit en sus), pour omission ou in-
« suffisance de déclaration.

. . . .

. . . .

L'article 8 ci-dessus a seul donné lieu à une modification. « Messieurs, a fait observer M. Casimir Pé-
« rier, rapporteur, vous avez voté hier l'article 9 du
« projet de loi (2) portant augmentation du droit de
« transmission sur les valeurs mobilières et assujet-
« tissant à un droit certaines valeurs qui, jusqu'à
« présent, n'étaient soumises à aucun.

« Il a été approuvé, dans la commission, par l'ho-
« norable M. de Soubeyran, une proposition tendant
« à appliquer à ces dernières valeurs le bénéfice de
« l'article 8 de la loi du 23 juin 1857, lequel disposait
« que, pendant trois mois, à partir de la promulga-
« tion de cette loi, les conversions de titres nominatifs
« en titres au porteur, et *vice versa*, pourraient se
« faire sans augmentation de droit.

« Nous ne pensons pas qu'il y ait lieu d'appliquer
« cette disposition de la loi de 1857. Cependant,
« comme la commission n'a pas fixé le terme à partir
« duquel la perception du droit nouveau devra com-
« mencer, ce qui aurait pour résultat de rendre cette
« perception immédiate aussitôt après la promulga-

(1) Le décret susrelaté du 17 juillet 1857 ; rapprocher
l'art. 12 de ce décret.
(2) Cet art. 9 du projet est devenu l'art. 11 de la loi.

« lion de la loi de finances actuellement en délibéra-
« tion, et comme l'honorable M. de Soubeyran a de-
« mandé que ce terme fût fixé au 1er novembre pro-
« chain, elle a consenti à déterminer celui du 15 oc-
« tobre prochain.

Ainsi, pour que les valeurs qui, jusqu'à ce jour,
« n'avaient acquitté aucun droit ne payassent pas im-
« médiatement le droit nouveau, il suffirait de mettre
« en tête de l'article 9, déjà voté (1), les mots : « à da-
« ter du 15 octobre 1871. »

Cette modification, acceptée par M. de Soubeyran,
a été mise aux voix et adoptée sans autre observation.

Donc les titres faisant l'objet du 2e paragraphe de
notre article ne peuvent jouir du bénéfice du *délai de
trois mois* accordé par l'article 8 de la loi du 23 juin
1857, et ils seront assujettis aux droits de transmission à partir du 15 octobre 1871. De même, en ce qui
concerne les titres déjà soumis à l'impôt, l'augmentation des droits courra à partir du 15 octobre 1871,
savoir : pour les valeurs nominatives sur le prix des
transferts et conversions opérés à compter de ce jour
et pour les valeurs au porteur, proportionnellement
au nombre de jours écoulés depuis cette époque.

Il ne nous reste plus qu'à faire une remarque au
sujet des actions et obligations émises par les Sociétés,
Compagnies ou Entreprises étrangères. Notre article 11
ne se réfère qu'à l'article 6 de la loi du 13 juin 1857,
lequel s'applique uniquement aux actions et obligations françaises: on pourrait supposer, dès lors, que
e taux de douze centimes, fixé pour les valeurs étrangères par l'article 10 du décret du 17 juillet 1857, a été

(1) Séance du 15 septembre 1871.

maintenu purement et simplement. Mais ce serait là une erreur manifeste, car cet article 10 porte formellement : «Ces Sociétés, Compagnies et Entreprises paye-« ront, pour leurs actions et obligations soumises à « l'impôt, une taxe annuelle et obligatoire de douze « centimes par cent francs, conformément *au para-« graphe* 2 *de l'article* 6 *de la loi du* 23 *juin* 1857, sans « faire aucune distinction entre les titres nominatifs « et les titres au porteur. » Il ne saurait donc y avoir le moindre doute, puisque la nouvelle disposition se réfère implicitement à l'ancienne et, par suite, la modifie : ainsi il est incontestable que les actions et obligations émises par les sociétés, compagnies ou entreprises étrangères seront passibles désormais d'une taxe annuelle de quinze centimes par cent francs. — Quant aux obligations des provinces, des Villes, des Etablissements publics étrangers, elles ne seront assurément point soumises à l'impôt spécial qui nous occupe. Malgré la généralité de ses termes, la seconde partie de notre article 11 ne s'applique qu'aux obligations des départements, communes, établissements publics de France; et, en attendant que le législateur ait statué sur les autres, elles restent sous l'empire des règles générales de la perception des droits d'enregistrement, d'après l'article 4 de la loi du 23 août 1871, précédemment expliqué (1) et se terminant ainsi : « Il « en sera de même des transmissions entre-vifs à titre « gratuit ou *à titre onéreux* de ces mêmes valeurs (tou-« tes les valeurs étrangères), lorsqu'elles s'opèreront « en France. »

(1) Voir *suprà*, seconde partie, valeurs mobilières étrangères.

Annexe n° 1

Règlement d'administration publique relatif au mode de perception et aux époques de payement des droits d'enregistrement dus sur les contrats d'assurances. — (Articles 6, 7, 10 de la loi du 23 août 1871.)

Le Président de la République française,

Sur le rapport du ministre des finances;

Vu l'article 6 de la loi du 23 août 1871, qui établit une taxe obligatoire sur les contrats d'assurances maritimes ou contre l'incendie;

Vu l'article 7 de la même loi portant que cette taxe sera perçue pour le compte du Trésor par les compagnies, sociétés et tous autres assureurs, courtiers ou notaires qui auraient rédigé les contrats;

Vu l'article 10 ainsi conçu :

« Un règlement d'administration publique déterminera le mode de perception et les époques de payement de la taxe établie par l'article 6, ainsi que toutes les mesures nécessaires pour assurer l'exécution des articles 6 et 7;

« Chaque contravention aux dispositions de ce règlement sera passible d'une amende de cinquante francs; »

La commission provisoire chargée de remplacer le conseil d'Etat entendue,

Décrète :

TITRE PREMIER

DES ASSURANCES MARITIMES

Art. 1er. La perception de la taxe établie sur les assurances maritimes est faite pour le compte du Trésor et au moment de la signature des polices, savoir :

17

Par les courtiers ou notaires qui auront rédigé les contrats;

Par les compagnies, sociétés ou tous autres assureurs, pour les contrats souscrits sans intervention de courtiers ou de notaires.

Si, dans ce dernier cas, le contrat est souscrit par plusieurs sociétés, compagnies ou assureurs, le montant intégral de la taxe est perçu par le premier signataire désigné sous le nom d'*apériteur* de la police.

Néanmoins, toutes les parties restent tenues solidairement du payement des droits qui n'auraient pas été versés au Trésor aux époques ci-après.

Art. 2. Les polices provisoires et les polices flottantes ne donnent pas lieu au payement immédiat de la taxe, mais cette taxe est perçue au moment de la signature de la police définitive, connue sous le nom de police d'aliment, avenant, application, ou sous toute autre dénomination que ce soit.

A cet effet, les polices, avenants ou applications contiennent la mention expresse de la date, du numéro de la police provisoire ou flottante, ainsi que du nom de l'assuré et du navire.

Pareille mention est inscrite sur le livre ou registre que les courtiers ou notaires doivent tenir, en exécution de l'article 84 du code de commerce et de l'article 47 de la loi du 5 juin 1850, ainsi que sur le répertoire tenu par les compagnies, sociétés ou assureurs conformément aux articles 44 et 45 de la loi précitée.

Les polices de réassurances doivent aussi faire mention expresse de la date et du numéro de la police primitive, ainsi que des noms du navire et de l'assureur primitif. Ces indications sont inscrites sur le répertoire tenu par le réassureur. L'assureur primitif inscrit également en marge de son répertoire la date et le numéro de la police de réassurance et le nom du réassureur.

Art. 3. Le versement du montant des taxes perçues par les courtiers, notaires, sociétés, compagnies ou tous autres assureurs a lieu dans les dix premiers jours qui suivent l'expiration de chaque trimestre et au moment du dépôt des livres et répertoires assujettis au visa trimestriel du receveur de l'enregistrement.

Il est déposé à l'appui du versement un relevé, article par article, de toutes les polices inscrites pendant le trimestre précédent, soit au livre des courtiers ou notaires, soit au répertoire des compagnies, sociétés ou assureurs.

Ce relevé est totalisé, arrêté et certifié.

Il comprend dans des colonnes distinctes :
Le numéro d'ordre du livre ou du répertoire ;
Le numéro de la police ;
La date de la police ;
Le nom de l'assuré ;
Le nom du navire ;
Le montant des capitaux assurés ;
Le montant de la prime ;
Le montant de la taxe perçue.

Les polices provisoires, les polices flottantes, les polices de réassurances non sujettes à la taxe sont portées au relevé, mais pour mémoire seulement.

Par exception, le premier versement comprendra les taxes afférentes aux polices souscrites depuis la promulgation de la loi du 23 août 1871, jusques et y compris le 31 décembre suivant.

Art. 4. Les polices souscrites sans intermédiaire de courtiers ou de notaires sont inscrites, avec mention de la taxe perçue, au répertoire des compagnies, sociétés et assureurs.

La taxe afférente aux polices concernant plusieurs assureurs est inscrite pour son montant intégral sur le répertoire du premier signataire ou apériteur, avec indication du nom des autres assureurs qui ont souscrit la police commune. Cette police figure, en outre, au répertoire de chacun de ces assureurs, mais seulement pour mémoire.

Les polices de réassurances, lorsqu'elles sont exemptes de la taxe, sont également inscrites pour mémoire, avec les annotations marginales prescrites par le dernier alinéa de l'article 2.

Les polices provisoires et les polices flottantes sont inscrites au répertoire à l'encre rouge.

TITRE II

DES ASSURANCES CONTRE L'INCENDIE

Art. 5. La taxe fixée par l'article 6 de la loi du 23 août 1871 pour les assurances contre l'incendie est établie pour l'intégralité des primes, cotisations ou contributions constatées dans les écritures des compagnies, sociétés et assureurs.

Toutefois, sont déduites pour le calcul de la taxe :

1° Les primes, cotisations ou contributions relatives à des immeubles ou objets mobiliers situés à l'étranger ;

2° Celles perçues pour réassurances, à moins que l'assurance primitive souscrite à l'étranger n'ait pas été soumise à la taxe ;

3° Les primes, cotisations ou contributions que les sociétés, compagnies et assureurs justifieraient n'avoir pas recouvrées par suite de la résiliation ou de l'annulation des contrats.

Il sera ouvert, dans les écritures des sociétés, compagnies et assureurs, un compte spécial à chacune des différentes natures de primes, cotisations ou contributions énumérées aux trois paragraphes précédents.

Art. 6. Le payement de la taxe est effectué, pour chaque trimestre, avant le dixième jour du troisième mois du trimestre suivant, au bureau de l'enregistrement du siége des sociétés ou compagnies, ou du domicile de l'assureur.

Toutefois, pour les sociétés d'assurances mutuelles dans lesquelles le montant des cotisations annuelles est, d'après les statuts, exigible par avance le 1er janvier de chaque année, le payement de la taxe afférente aux contrats existant à cette époque est effectué par quart et dans les dix jours qui suivent l'expiration de chaque trimestre.

Art. 7. Chaque année, après la clôture des écritures relatives à l'exercice précédent, et au plus tard le 31 mai, il est procédé, pour toutes les compagnies, sociétés ou assureurs, à une liquidation générale de la taxe due pour l'exercice entier.

Si de cette liquidation il résulte un complément de taxe au profit du Trésor, il est immédiatement acquitté. Dans le cas contraire, l'excédant versé est imputé sur l'exercice courant.

Art. 8. A l'appui des versements prescrits par l'article 7, les sociétés, compagnies et assureurs remettent au receveur de l'enregistrement un état certifié conforme à leurs écritures commerciales et indiquant :

1° Le montant des primes, cotisations ou contributions échues pendant le trimestre et provenant des exercices antérieurs ;

2° Le montant des mêmes primes, cotisations ou contributions provenant des souscriptions nouvelles ;

3° Les déductions à opérer en exécution de l'article 5 ; il est ouvert une colonne spéciale à chaque nature de déduction ;

4° Le montant net des primes, cotisations ou contributions assujetties à la taxe.

Pour opérer la liquidation générale prévue par l'article 7, les sociétés, compagnies et assureurs remettent au receveur de l'enregistrement, avec la balance des comptes ouverts à leur grand-livre un état récapitulatif de la totalité des opérations de l'année précédente. Cet état, dûment certifié, est vérifié au siége social par les agents de l'administration, auxquels sont représentés, à toute réquisition, tous livres, registres, polices, avenants et autres documents, quelle que soit d'ailleurs leur date.

Art. 9. La taxe due pour la période écoulée depuis le jour où la loi du 23 août 1871 est devenue exécutoire jusques et y compris le 31 décembre 1871, sera liquidé conformément au dernier paragraphe de l'article 8 et au plus tard le 31 mai 1872.

Il ne sera pas tenu compte des encaissements ou annulations de primes, cotisations ou contributions échues antérieurement à la promulgation de la loi précitée.

TITRE III

DISPOSITIONS GÉNÉRALES.

Art. 10. Les compagnies, sociétés ou assureurs

étrangers qui feraient en France des opérations d'assurances, soit maritimes, soit contre l'incendie, sont soumis aux dispositions du présent règlement. De plus, ils doivent, avant toute opération ou déclaration, faire agréer par l'administration de l'enregistrement un représentant français personnellement responsable des droits et amendes.

Les compagnies, sociétés et assureurs étrangers établis en France au moment de la promulgation du présent règlement devront faire agréer ce représentant avant le 1er janvier 1872.

Art. 11. Le ministre des finances est chargé de l'exécution du présent décret.

Fait à Versailles, le 25 novembre 1871.

A. THIERS:

Par le Président de la République,

Le ministre des finances,

POUYER-QUERTIER.

Annexe n° 2

—

Règlement d'administration publique relatif aux conditions d'emploi des timbres mobiles à 10 centimes, créés en exécution de l'article 18 de la loi du 23 août 1871.

—

Le président de la République française,
Sur le rapport du ministre des finances ;
Vu les articles 18 et suivants de la loi du 23 août 1871, relatifs au droit de timbre auquel sont assujettis

les quittances, acquits, reçus ou décharges de sommes, titres, valeurs ou objets;

Vu notamment la disposition de l'article 24, ainsi conçue :

« Un règlement d'administration publique déterminera la forme et les conditions d'emploi des timbres mobiles créés en exécution de la présente loi ; »

La commission provisoire chargée de remplacer le conseil d'Etat entendue,

Décrète :

Art. 1er. Il est établi, pour l'exécution de l'article 18 de la loi susvisée, un timbre mobile à 10 centimes conforme au modèle annexé au présent décret.

L'administration de l'enregistrement, des domaines et du timbre fera déposer au greffe des cours et tribunaux des spécimens de ce timbre mobile. Le dépôt sera constaté par un procès-verbal dressé sans frais.

Art. 2. Ce timbre mobile est apposé sur les quittances ou acquits donnés au pied des factures et mémoires, les quittances pures et simples, les reçus ou décharges de sommes, titres, valeurs ou objets, et généralement sur tous les titres, de quelque nature qu'ils soient, signés ou non signés, et qui emporteraient libération, reçu ou décharge.

Ce timbre est collé et immédiatement oblitéré par l'apposition, *à l'encre noire*, en travers du timbre, de la signature du créancier ou de celui qui donne reçu ou décharge, ainsi que de la date de l'oblitération.

Cette signature peut être remplacée par une griffe, apposée à l'*encre grasse*, faisant connaître la résidence, le nom ou la raison sociale du créancier et la date de l'oblitération du timbre.

Art. 3. Les ordonnances, taxes, exécutoires, et généralement tous mandats payables sur les caisses publiques, les bordereaux, quittances, reçus ou autres pièces, peuvent être revêtus du timbre à 10 centimes par les agents chargés du payement. Le timbre est oblitéré au moyen d'une griffe par ces agents, qui demeurent responsables des contraventions commises à raison des pièces acquittées à leurs caisses.

Les sociétés et compagnies, assureurs, entrepreneurs de transport et tous autres assujettis aux vérifications des agents de l'enregistrement par l'article 22 de la loi du 23 août 1871 et par les lois antérieures, peuvent, également sous leur responsabilité, user de la même faculté, en ce qui concerne les actions, obligations, dividendes et intérêts payables au porteur, les rentes sur l'étranger ainsi que toutes autres pièces de dépenses, états de solde et d'émargement.

Art. 4. Les sociétés, compagnies et particuliers, qui, pour s'affranchir de l'obligation d'apposer et d'oblitérer les timbres mobiles, veulent soumettre au timbre à l'extraordinaire des formules imprimées, pour quittances, reçus ou décharges, sont tenus de déposer ces formules et d'acquitter les droits (sauf la remise de 2 p. 100 accordée à titre de déchet) au bureau de l'enregistrement de leur résidence ou à celui qui sera désigné par l'administration, s'il existe plusieurs bureaux dans la même ville.

Art. 5. Les formules d'états de solde ou de payement, dits états d'émargement, les registres de factage ou de camionnage et les autres documents pour lesquels il est dû un droit de timbre, par chaque payement excédant 10 fr. ou par chaque objet reçu ou déposé, ne peuvent être timbrés à l'extraordinaire qu'autant que le droit à percevoir par chaque page correspondra à l'une des quotités des timbres de dimension en usage (actuellement 0 fr. 60, 1 fr. 20, 1 fr. 80, 2 fr. 40 et 3 fr. 60).

Art. 6. Les billets de place délivrés par les compagnies et entrepreneurs, et dont le prix excède 10 fr., peuvent, si la demande en est faite, n'être revêtus d'aucun timbre; mais ces compagnies et entrepreneurs sont tenus de se conformer au mode de justification et aux époques de payement déterminés par l'administration.

Art. 7. Le ministre des finances est chargé de l'exécution du présent décret.

Fait à Versailles, le 27 novembre 1871.

A. THIERS.

Par le Président de la République,

Le ministre des finances,

POUYER-QUERTIER.

TABLE DES MATIÈRES

—⟨∞⟩—

TYPOGRAPHIE DE A. POUGIN, 13, QUAI VOLTAIRE

www.ingramcontent.com/pod-product-compliance
Lightning Source LLC
Chambersburg PA
CBHW070543200326
41519CB00013B/3106